新时代政府绩效管理读本

激发与超越

李铁军◎编著

 中国言实出版社

图书在版编目（CIP）数据

激发与超越 / 李铁军编著 . -- 北京 : 中国言实出版社，
2021.9

ISBN 978-7-5171-3885-3

Ⅰ . ① 激… Ⅱ . ① 李… Ⅲ . ① 企业绩效－企业管理－研究 Ⅳ . ① F272.5

中国版本图书馆 CIP 数据核字（2021）第 190049 号

责任编辑 王建玲
责任校对 史会美

出版发行 中国言实出版社
　　　　　地　　址：北京市朝阳区北苑路 180 号加利大厦 5 号楼 105 室
　　　　　邮　　编：100101
　　　　　编辑部：北京市海淀区花园路 6 号院 B 座 6 层
　　　　　邮　　编：100088
　　　　　电　　话：64924853（总编室）　64924716（发行部）
　　　　　网　　址：www.zgyscbs.cn
　　　　　E-mail：zgyscbs@263.net
经　　销 新华书店
印　　刷 天津盛奥传媒印务有限公司
版　　次 2021 年 9 月第 1 版　　2021 年 9 月第 1 次印刷
规　　格 787 毫米 × 1092 毫米　1/16　9.25 印张
字　　数 137 千字
定　　价 89.00 元　　ISBN 978-7-5171-3885-3

序言 PREFACE

牛军钰

复旦大学公共绩效与信息化研究中心主任

党的十九届四中全会提出要推进国家治理体系和治理能力现代化。完善国家行政体制，要求以推进国家机构职能优化协同高效为着力点，优化行政决策、行政执行、行政组织、行政监督体制。健全部门协调配合机制，防止政出多门、政策效应相互抵消。开展绩效管理，以战略目标的构建为起点，借助各种管理工具，细化、量化战略目标要求，明确目标导向，通过阶段性的评估及时发现问题，构建问题纠偏机制，实现职能的横向打通、层级的纵向贯通、信息的内外沟通。支持各级政府和部门的每个成员注重全局性、统一性、协调性，增强科学性、主动性、预见性的理念和方法，能有效地优化治理方式提升治理效能。

政府绩效管理是一整套体系，包括组织绩效管理、个人绩效管理、专项工作绩效管理、项目绩效管理以及预算绩效管理，每个部分互相支撑，形成为地方政府和部门高质量履行职能提供服务的支持体系。政府绩效管理包含两个闭环，一个是战略目标从上到下逐层分解、责任落实、高效执行、有效反馈的目标分解闭环，另一个是每个层级目标形成、指标建立、过程跟踪、评估评价、改进提升的工作落实闭环。

政府绩效管理工作在中国已经开展了多年，各地名称不同，有的叫目标管理，有的叫效能建设，还有的与地方党政领导班子干部考核衔接、与督查工作结合。我在多年组织实施政府绩效管理体系建设过程中，结识了一大批优秀的绩效管理创新实践者，本书的作者李铁军也是我们绩效管理团队的老朋友。他在工作中一直不断突破，从解决现实问题入手，寻找新的理论方法，在工作中加以实践，不断吸收完善改进，并逐步形成了新的模式。这本书是他这些年来不断思考和实践的结晶。

本书内容紧扣时代脉搏，不仅针对国家机构职能优化协同高效、公务员绩效管理进行了政策的分析解读，提出具体的解决方案，而且针对当前信息化技术的迅猛发展提出了"智慧绩效"模式；不仅有理论模型，而且添加了具体案例，在理论提炼上，提出的"五力模型"，更可以有效地指导实践。可以说，这是一本阐述新时代政府绩效管理理论与实践的作品，是及时回应公务员绩效管理如何操作的作品，是揭秘绩效管理底层逻辑的作品，值得每名公务员学习借鉴。

2021 年 4 月 20 日

前言 FOREWORD

　　新时代政府绩效管理的核心目标就是要激发人的潜能，提升治理能力，推进治理效能，打造高效协同的整体政府，使组织实现超越，推动高质量发展。

　　本书通过深入剖析目前绩效管理的难点、热点与前沿动态，系统概述了新时代政府绩效管理的实践发展和理论架构，阐述了目前政府部门通常应用的战略性绩效管理制度体系，并对公务员绩效管理体系进行了分析和规划；

　　以案例形式解读了新时代政府绩效管理三种创新模式：卓越绩效、智慧绩效、敏捷绩效；

　　科学论述了绩效改进和优化、绩效生态系统、绩效文化的养成与培育，建构了绩效管理推动高质量发展的路径。

　　科学把握新时代政府绩效管理的发展方向，必须研究和解决以下五个主要问题：

　　一是新时代政府绩效管理应该如何定位？

　　二是如何建立健全科学实用、有生命力的政府绩效管理制度体系？

　　三是如何完善公务员绩效管理制度，激励担当作为，激发创新动能，建设忠诚干净担当的高素质专业化公务员队伍？

　　四是新时代如何扛牢政治责任，充分发挥政府绩效管理的政治作用？

五是如何在数字化时代，利用大数据进行自动化绩效考评？

在新时代服务型政府和国家治理体系现代化的背景下，本书坚持理论实践结合，知行合一，通过对大量文献资料进行比较研究，总结分析国内外政府部门、跨国公司绩效管理典型做法及实践经验，深入剖析政府绩效管理研究热点与前沿动态，回应新时代政府绩效管理发展形势的发展方向，破解绩效管理难点与问题，建立适应政府部门的胜任力模型，提出绩效管理新模式，阐述工作创新攻略，系统论述进一步完善新时代政府绩效管理发展和优化的路径与方案，形成了可借鉴、可复制、可推广的经验做法。

目 录 CONTENTS

1

第二篇

新时代绩效管理模式

第三篇
新时代绩效改进的路径

第一篇

新时代绩效管理理论与体系

一个时代有一个时代的主题，一代人有一代人的使命。

中国特色社会主义进入新时代，只有坚持使命引领，着力提高绩效管理的时代性，适应时代发展赋予全面实施绩效管理提出的新要求，才能担负起新时代赋予的历史使命。

实践没有止境，创新也没有止境。新时代绩效管理的理论与实践必须跟上时代，不断认识规律，积极推进理论、实践、制度、机制、文化等各方面创新。

第一章 新时代政府绩效管理综述

新时代，政府绩效管理应当根据新时代发展的要求，充分借鉴国内外先进的绩效管理理论和实践经验，以服务保障高质量发展为主要目标，在管理制度上实现融合集成，实现推动高质量发展的科学化、规范化。

第一节 政府绩效管理概述

一、政府绩效管理的含义

政府绩效管理是指通过建立一套科学合理的绩效考评制度体系、考评指标体系和考评机制，对政府及其工作人员围绕经济社会高质量发展目标履行职能，完成工作任务的过程、实绩和效果进行综合考评。

一是作为过程管理，它是由相互联系的若干环节构成的动态过程，表现为"战略分解→计划制订→过程管理→考核评价→结果运用→绩效改进"

的闭环循环。

二是作为结果管理，它可以依据绩效考核结果实施激励和奖惩，有效推动政府改进工作、降低行政成本、提高效能，强化政府内部的组织建设与发展、协同管理、精神文化塑造，有效提升社会公众的满意度。

三是作为综合管理，它是为实现高质量发展、提高政府绩效而实施的管理，通过政府领导积极的、有意识的系统化努力，向社会、公民提供高质效的结果。

政府绩效管理本质上是一种以绩效为导向，以提高公共资源使用效能和完善公共责任机制为目标，以管理和服务对象的满意为最终衡量标准，适应经济市场化、政治民主化和社会信息化发展要求的新型政府管理模式，是几十年来新公共管理和政府再造运动的核心内容。

新时代，政府绩效管理随着时代条件和社会发展而发展，是以贯彻高质量发展为理念，突出对领导班子和公务员队伍政治素质、履职能力、工作成效、作风表现等的考核评价，成为推进国家治理体系和治理能力现代化的"驱动系统""评价系统"和"保障系统"，切实推动经济发展质量变革、效率变革、动力变革，实现高质量发展的结果人民共享。

二、中国当代政府绩效管理的发展

（一）起步阶段：20 世纪 80 年代

中国政府部门从 20 世纪 80 年代开始探索开展绩效管理，主要开展了目标责任制和行政效能监察的探索。由于各地各部门绩效管理的理念认识、工具方法、领导体制、运行机制等各具特色，所以发展的程度和发挥的作用各不相同，形成了不同类型的政府绩效管理模式。

（二）探索阶段：20 世纪 90 年代

自 20 世纪 90 年代以来，中国政府绩效管理经过多年的实践探索，已经在全国大多数省市和中央部委推行，范围涵盖了政府及政府部门的组织绩效管理、政府部门的预算绩效管理、公共政策以及项目的绩效评估、领导干部及公务员的绩效考评等领域。

这个阶段，目标责任制仍然是各地政府绩效考核的主要方式，同时也出现了社会服务承诺制和效能建设等新的形式。

（三）发展阶段：21世纪初至党的十八大之前

这个阶段，随着社会主义市场经济的发展，中国政府的施政理念发生了新的变化，绩效管理不再以经济发展为单一指标，而是以社会协调发展、高质量发展等综合指标为参照系，政府绩效的"终极标准"指向以满意度为重点的高质量发展。

目前，主要形成了三套平行的绩效评估体系：中央编办牵头的政府绩效管理；中央组织部负责的"地方党政领导班子和领导干部综合考评体系"与"公务员绩效管理"；以财政部为主的"预算绩效管理"和"财政支出绩效评价体系"。此外，还有政府部门自行开展的质量管理、综合考核等多种绩效管理形式。

（四）党的十八大以来

党的十八大以来，以习近平同志为核心的党中央勇于进行具有许多新的历史特点的伟大斗争，统筹推进"五位一体"总体布局、协调推进"四个全面"战略布局，提出一系列新理念新思想新战略，出台一系列重大方针政策，推出一系列重大举措，推进一系列重要工作，推动中国特色社会主义进入新阶段。

这个新阶段，同改革开放以来的发展既一脉相承，又有很大不同。政府绩效管理也应适应时代需要，根据党中央提出全面实施绩效管理的要求，科学定义新时代政府绩效管理理论体系，以指导改革实践。这是改革开放以来中国经济社会发展进步的必然要求，是世情国情党情变化的必然要求，也是推进国家治理体系和治理能力现代化、推动高质量发展的必然要求。

新时代政府绩效管理体系应包括以下内容：在管理思想上，实现基于全面实施绩效管理导向的国家治理的现代化；在管理制度上，实现推动高质量发展的规范化；在管理体制上，实现保障各级政府部门在国家治理中的治理效能作用发挥的制度化；在管理机制上，实现绩效考评体系的科学化；在管理基础上，实现各级政府公务人员考核的日常化；在管理技术上，实现基于大数据自动化考评的智能化。

第二节　新时代政府绩效管理的发展要求及指导思想

党的十九大报告提出了中国发展新的历史方位——中国特色社会主义进入了新时代。政府绩效管理理念也要适应新时代发展要求，不断调整和创新。

新时代政府绩效管理坚持和发展中国特色社会主义的总目标和战略布局，并根据党政部门绩效管理新要求对绩效管理进行理论分析和优化提升，指导新时代绩效管理推进国家治理体系和治理能力现代化作用的发挥，以利于更好服务保障高质量发展。

一、新时代政府绩效管理的发展要求

党的十八大以来，党中央、国务院多次就绩效管理提出要求，党的十八大报告中提出要"推进政府绩效管理"。十九大报告中提出要"全面实施绩效管理"。

这些决策部署和要求，联系政府部门来说，就是要立足政府部门实际，探索具有职能特色的绩效管理理论，进一步创新行政管理方式，提高工作质量和效率，更好地为国家重大战略和重大改革发展任务落地服务。

党的十九大以来，中共中央办公厅先后印发了《党政领导干部考核工作条例》《关于统筹规范督查检查考核工作的通知》《关于解决形式主义突出问题为基层减负的通知》等文件，政府部门应对照规定要求，修订完善绩效管理相关制度办法和考评指标，助推选人用人精准科学规范。

二、新时代政府绩效管理的指导思想

新时代政府绩效管理理论要以习近平新时代中国特色社会主义思想为指导，结合政府绩效管理实践及理论进行创新设计，全方位、多角度、创新性、近距离对政府绩效管理的实践发展和理论体系进行系统总结、提炼、提升，来指导新时代绩效管理的创新与发展。

新时代政府绩效管理实践以政府部门绩效管理新理论为指导，以《党政领导干部考核工作条例》《公务员平时考核办法（试行）》等制度办法为标准，结合党政部门绩效管理特点及经验进行创新设计，坚持政治标准首位，精准科学选人用人，进一步推进干部选拔任用工作制度化、规范化、科学化，适应新时代党政部门绩效管理的发展需要。

第三节　我国地方政府绩效评估现状

2018 年 1 月 24 日，中国社会科学院政治学研究所在北京发布首份中国地方政府绩效评估报告——《政府绩效评估蓝皮书：中国地方政府绩效评估报告 No.1》。报告指出，政府绩效评估是推进国家治理体系和治理能力现代化的必然要求。进入新世纪以来，中国地方政府绩效评估研究逐步丰富和深化，指标体系建设也不断推进，但存在的突出问题依然表现为实践应用性差，缺乏科学有效的绩效评估技术基础。

该报告基于第三方专业化政府绩效评估定位，建立了包括政府绩效结构、指标选取和比较、数据无量纲化、评估权重设定、评估数据分析方法在内的政府绩效评估基本技术路线，以与评估指标相衔接的政府绩效信息数据库为基础，对全国 4 个直辖市、15 个副省级市、317 个地市级政府展开全领域、大范围、连续性地方政府综合绩效的原创性量化评估。这是第一本针对全国范围、系统化的地方政府绩效评估报告，含 1 个全国性地方政府绩效评估总报告、5 个区域性政府绩效评估报告和 6 个职能性政府绩效评估报告，全面描述和分析了中国地方政府绩效水平和状况，对于深化地方

政府绩效评估研究、推动政府绩效评估模式创新，具有重要推动作用。

报告显示，东部地区地市级政府绩效平均水平在全国领先，而江苏省又是东部地区的排头兵。江苏省所辖地市级政府综合绩效得分为202分，在全国27个省份中遥遥领先于其他省份，处于最佳水平；绩效排名处于东部末位的海南省，其政府绩效得分为156分，约为江苏省的77.23%，排在全国第17位，居于中等水平；即便东部地区绩效排名较后的河北省和福建省，其政府综合绩效仍排进了全国前10名，分别位列第9和第5。因此，东部地区各个省份在全国处于领先地位，政府绩效总体水平高；各省份之间差距也不小，先进省份遥遥领先于其他省份。

从东部地区各个省份来看，政府对外管理职能绩效前3名是江苏、浙江和山东；政府内部管理职能绩效前3名是山东、广东和江苏。可见，江苏省地市级政府的综合绩效水平较高，内外管理职能比较均衡；浙江省的对外管理职能绩效远远优于内部管理职能绩效，综合水平位列第三，但其内外管理职能绩效的均衡程度却在东部地区居末位。

报告指出，一个地区发展绩效好，表明该地区的政府管理是朝着符合本地实际的方向在努力。综合东部地区地市级政府绩效评估结果发现，作为全国经济发展的领头羊，东部地区地市级政府绩效在市场监管、公共服务、平衡发展方面皆成绩斐然，在经济发展和政府内部管理绩效上也表现不俗。但东部地区地市级政府管理绩效也存在不足之处，其社会管理绩效水平没有意想中的高水平，仅略高于中部，而且其社会管理绩效平均得分在全国平均水平之下，是该地区地市级政府唯一失去先导优势的职能领域，成为该地区地市级政府绩效水平的短板。

分职能进一步评估发现，东部地区地市级政府社会组织与人口管理领域和社会安全管理领域的绩效明显领先于其他地区，但是在社会保障与就业管理领域还存在较大改进空间。

报告指出，从各项政府职能的履行情况看，对外管理职能绩效和内部管理职能绩效较为均衡且不存在明显短板的地方政府，其综合绩效水平往往处于前列。而东北地区地市级政府的对外管理职能绩效和内部管理职能绩效存在明显的不均衡特征。

报告显示，东北地区政府内部管理职能绩效在全国四大区域中排名末位。其中，政府效能、行政成本和行政廉洁绩效是东北地区最为突出的短板。

东北地区地市级政府的经济发展绩效，居于全国四大区域的第2位，但较高的经济发展水平并没有直接促进政府内部管理绩效的提升。从三省所辖地市级政府的内部管理绩效分析，其都低于全国平均水平，在27个省份中分别处于第20、第25和第27位。

报告指出，由东北地区所辖地市级政府内部管理绩效状况可以判断，经济发展水平较高，只能在一定程度上提升政府的整体绩效水平，为社会保障和城乡统筹发展提供一定的经济和财力基础。但是，就政府内部管理绩效而言，其并没有从较高的经济发展水平中得到直接的提升。因此，能否有效加强政府内部管理，取决于政府在依法行政、有效控制行政成本、提高行政廉洁程度等方面的主观意愿和主观能动性；可通过政府自身的主动创新与改革来完成提升政府内部管理绩效的艰巨任务。

第二章　新时代政府绩效管理制度体系

制度建设是保障绩效管理工作可靠实施、科学开展的基础。宏观的领导组织体制和微观的基础管理制度等构成了绩效管理的制度体系，形成绩效管理的"硬环境"，是实施绩效管理的重要前提条件。

第一节　政府绩效管理制度建设与发展概述

一、我国制度建设的理论基础

基础管理制度为政府部门的正常、平稳运行提供了制度框架和基础支持。政府部门的一切活动都应在基础管理制度的框架内开展。因此，基础管理制度是否健全、是否清晰，对开展工作的效果影响极大。

对于政府绩效管理而言，涉及部门职责、岗位职责、工作流程、绩效计划、绩效实施、绩效考核、结果运用等方面。不同的绩效管理模式对基础管理制度还有着不同的要求，部门内部的相关管理制度必须提供有效的支撑。例如：领导干部和公务员绩效评估模式，重点是要解决人员的管理问题，因此具体部门职责和岗位职责要特别明晰；战略化绩效管理模式，重点是要解决战略任务的有效执行和战略改进等问题，因此战略目标、工作计划、相关措施等需要健全；全面质量管理模式，则是强调组织的整体管理改进和服务质量的不断提升，因此组织和岗位的职责、工作流程、工作标准等内容是基础条件。

二、国外绩效管理制度建设的实践发展与对中国政府绩效管理的启示

（一）英国地方政府"最佳价值"绩效管理制度

自 20 世纪 70 年代开始，英国各地方政府在行政改革中大幅度地应用了绩效管理模式。其中所采取的"最佳价值"绩效管理制度，是最能体现英国地方政府行政改革卓越成就的，它是英国工党政府在 1997 年执政后，继前政府的公民宪章运动和强制性竞标之后最大且最重要的改革。

"最佳价值"制度出现在英国绩效管理实践的第三个阶段，它突破了政府原有的强制性竞标，向民众提供更为民主、优质和有效的公益服务。

"最佳价值"制度是以最具有经济、效率与效能的方式，让政府的服务不仅能达到所制定的目标标准，也能达到最佳的服务效果。它的核心是4CS：挑战、协商、比较、竞争。在它的运作机制中，中央与地方的权限与职责是做出明确划分的，使得各行其职，各谋其位，提高政府运作效率。"最佳价值"以"过程图""商务优秀师范模型""协议""平衡记分卡"等作为其实施的绩效管理工具。

"最佳价值"制度是新公共管理（NPM）与地方治理（LGC）的折中模式，强调社区民众参与度，再加上地方政府角色的转换，提倡构建一种地方政府与社区民众的伙伴关系。它并非是一项完全否定历史所倡导的管理模式的新策略，而是一项结合过去优良的、配合现代民主理念实践的创举。

"最佳价值"绩效管理制度的特点主要体现在："最佳价值"制度以"绩效评估"为运作基础，管理模式程序制度化，强调地方政府的主体责任，支持公共服务供给模式多元化和多样化，提高政府的整体绩效。

（二）韩国政府绩效管理制度的实践

韩国政府第一项真正意义上的绩效管理制度是 1994 年韩国国务调整室负责的"政府业务评价制度"。

2000 年之后，随着韩国政府绩效管理的多元化发展，又陆续出现"成果管理制度""职务成果契约制度"和"责任运营机关制度"等绩效管理制度，它们都发挥了各自的作用。

一是政府业务评价制度。政府业务评价制度是韩国政府绩效评估体系中最为核心的制度，也是最早被引入且发展最完善的，是一项针对地方与中央政府的绩效评估制度。

它的目的是综合评价分析政府业务的发展状况和执行结果，然后把结果反馈于执行过程，并树立今后的工作计划。

在对指定对象进行评价后，政策评价委员把评价结果和措施事项通报给各中央行政机构，并由中央政府拟定措施方案。需要强调的是他们非常重视对业务评价结果优秀的政府机构的褒奖（包括奖金）的情况。而在整个绩效评价结果的运用中，对评价结果监察的事项，是要求有关机构实施监察并通报监察结果的。

二是责任运营机关制度。该制度是根据修改并实施的《责任运营机关设置运营法》制定的。在这样的制度下，其政府管理机关实行责任运营机制时，是具有独立性、经营性、契约性、自律性的。非中央机关部门的人事任用、组织管理和报酬支付等方面由各地方政府自我操作；计划、财政目标等由行政自治部部长或厅长就事业发展拟定，最终需要各方达成统一的协议。所属各中央机关的部门分别设立"责任运营机关运营审议会"对指定的责任运营机关进行评价，其评价的内容包括每年各责任运营机关的工作计划、目标完成的情况、取得的成果业绩、机关运营效率以及符合法律规范的程度等，它对一些特殊的独立机构和人事管理方面有相对宽松和优惠的政策。

对部门业绩的彻底评价和对其评价结果的运用及制度的适度调整，促进了韩国地方政府绩效管理系统对责任运营机关制度的引入和发挥，它所强调的引入竞争原理，追求部门功能的专门化，重视以公众的需求为导向的行政概念，使得政府绩效管理行为得到了进一步优化。

三是其他多样化的绩效管理制度。如财政部门成果管理制度和职务成果契约制度，在一定程度上都取得了成果，促进韩国政府绩效管理的发展，从而更加肯定政府绩效管理的制度化是正确的，它不仅保障了政府进行有效的管理，还推动了政府绩效管理的发展。

除此以外，其他地方还建立了监察院的成果监察制度、国会预算政策处的政府预算执行分析制度等。目前韩国政府把绩效管理看作政府财政改革的主要课题，政府为扩大财政预算编定的准确性就要使用绩效管理系统，通过绩效管理达到预想期望的效果成为政府有效实施管理的必需的步骤。

四是绩效管理制度法制化。自 20 世纪 90 年代以来，韩国政府陆续出台了一系列规范绩效管理的规章和法律。同时也出台了一些旨在提高公共部门服务质量的规定，而这些规定在提高服务质量的过程中和要求公共部门制定服务标准时都涉及了"绩效管理"。

（三）美国政府绩效管理制度的实践

一是明确法律依据。美国由国会立法通过了《政府绩效与结果法》，从而成为世界第一个就政府绩效管理立法的国家，为美国联邦政府各部门实施政府绩效管理提供了法律实施依据。

二是明确机构设置。美国要求各个联邦机构设置首席运营官（简称COO）与绩效促进官，并在联邦政府层面设置了跨机构的绩效促进委员会。联邦机构负责人在首席运营官与绩效促进官的辅佐下起草机构的优先绩效目标草案，并与预算管理办公室以及绩效促进委员会合作，在预算管理办公室的指导下确定最终的优先绩效目标方案。

三是确定绩效评估机制和体系。美国要求各个联邦机构制定战略规划，根据战略规划制定年度绩效计划，并制定指标进行评估，以此衡量或评价与每一个计划活动相关的产出、服务水平和结果。

（四）国外政府绩效管理制度对中国政府绩效管理的启示

一是要创新政府绩效管理理念。"最佳价值"绩效管理制度注重与民众的关系，在绩效管理过程中提出了"民众至上、消费者导向"以及"顾客和服务供应商合作"等理念。

这些理念所体现的精神是以公众价值作为政府管理的重要基础，把民众的需求放在政府工作的首位。所有这些关于绩效管理的理念都是具有借鉴意义的。

中国是社会主义国家，地方政府应确立并落实"人民利益高于一切"的指导思想，全心全意为人民服务是其政府首要职责所在，所以在中国实施政府绩效管理，首先要以"人民利益高于一切"为指导思想。

二是要建立有效的政府绩效管理制度。美国由国会立法通过了《政府绩效与结果法》，英国采取的是"最佳价值"绩效管理制度，而韩国则采取了政府业务评价制度、责任运营机关制度等，不仅明确了政府管理的目标，指明政府管理的方向，还有效地保障了政府绩效管理的运行和实施。

三是要制定相关配套法律、法规和政策来保障政府绩效管理的实施。上述三个国家政府绩效管理中，都有通过颁布法律使得其绩效管理制度法治化，从而保障绩效管理的实施和运行。

四是要加强信息沟通和反馈。在上述三个国家中，不管是地方的政府绩效管理还是中央的，它们都强调通过信息的交流和高程度的沟通来增加绩效管理的公开性、扩大公民的参与度和本身组织内部的透明度。

（五）中国绩效管理制度建设的实践发展

一是明确组织管理。在中国常被称为"一把手工程"的绩效管理工作，往往是在各级政府或部门主要领导倡导发起和不断推动下开展起来的。绩效管理政策性、系统性强，难度大。各地各部门为了顺利开展绩效管理工作，设立了不同形式的领导机构和工作机构，发挥党政领导、牵头部门、参与部门的作用，形成了不同类型的领导体制和组织机构保障。

有些地方设立议事协调机构，办事机构由有关职能部门承担，有些地方单独设立考评工作办公室。为加强组织保障工作，也有些地方或部门建立了绩效管理联席会议制度。

二是构建基础管理制度。为了提高基础管理的规范化、制度化水平，不少政府、部门在加强管理基础建设方面做了很多有益的工作，为绩效管理的可持续发展提供了重要基础保证。

北京市、广西壮族自治区、浙江省杭州市等政府部门都建立了比较完善的绩效管理基础制度体系，明确了绩效计划、绩效指标体系、绩效结果的运用等相关制度。

第二节　支撑政府绩效管理的制度体系

一、政府绩效管理的指导思想和原则

（一）绩效管理的指导思想

绩效管理是以习近平新时代中国特色社会主义思想为指导，贯彻新发展理念，落实党中央、国务院决策部署，围绕高质量发展目标，运用战略管理思维和绩效管理原理和方法，建立"战略—目标—执行—考评—沟通—奖惩—改进"的绩效管理制度体系，突出对领导班子和干部队伍的政治素质、履职能力、工作成效、作风表现等的考核评价，主要包括科学制定绩效计划，全面实施绩效监控，严格开展绩效考评，有效运用考评结果，着力抓好绩效改进，切实加强绩效沟通等工作流程。

（二）绩效管理的原则

1.战略引领，协同发展。围绕推进高质量发展的战略目标，并根据党

中央、国务院决策部署及时调整优化，着力解决工作重点、难点问题，通过创新驱动，促进抓重点、补短板、强弱项，完善治理体系，提升治理能力。

2.科学合理，客观公正。建立健全可量化、能定责、可追责的工作目标，形成科学完备的绩效管理制度体系，实现指标可考、标准公平、考评公正、过程公开、结果公认，不断增强绩效考评的科学性、针对性、实效性。

3.激励约束，持续改进。鲜明树立重实干重实绩的导向，坚持考用结合，奖勤罚懒、奖优罚劣，对政治坚定、奋发有为者给予褒奖和鼓励，对慢作为、不作为、乱作为者给予警醒和惩戒。强化绩效分析讲评，持续促进自我评估、自我改进、自我提升，帮助基层发现问题、排除障碍、推动落实。

4.把握共性，突出个性。中国政府部门的管理模式主要有垂直管理和属地管理，由此带来了不同的绩效考评方式。由于绩效管理制度、机制、方法、措施有些是共性的，有些是个性的，所以政府部门在具体实施时，应根据实际情况进行有选择的借鉴和实践，做到把握共性、突出个性，达到共性与个性的辩证统一，更好地优化完善绩效管理制度体系。

二、确定组织领导机构

完善的领导体制是实现绩效控制的保证，政府部门应以强化统筹协调为牵引，注重制度管理，构建领导有力、运行有序的绩效管理组织体系。要结合地区（或部门）现有绩效管理工作的基础，建立相关政府绩效管理议事协调机构（如联席会议或领导小组等），明晰工作职责，完善工作制度，逐步形成"领导小组统筹协调、成员单位分工协作、责任单位狠抓落实"的管理组织网络。

成立绩效管理工作领导小组，确认主要责任人、领导小组。主要职责包括：

一是统筹部署和指导绩效管理工作；

二是审定绩效管理发展规划和制度办法；

三是审定绩效计划、绩效指标和考评规则；

四是审定绩效考评结果；

五是研究决定绩效管理工作中的其他重大事项。

领导小组确认专人负责日常工作，致力于打造决策权、执行权、监督权既相互制约又相互协调的绩效管理工作体制；制定并切实落实季度会商、分析研判、进度报告、实地查验、专项督办等绩效管理专项制度。

各级政府部门主要负责人是绩效管理工作的第一责任人，班子成员对分管范围内的绩效管理工作负主要领导责任。各级政府部门主要负责人应加强对绩效管理工作的组织领导，定期听取绩效管理工作汇报，研究绩效管理重大事项。

三、确定绩效指标

绩效指标体系处于绩效管理全过程的核心地位，其价值追求从战略与全局角度影响和制约着政府绩效管理的各个方面。政府部门应以公共价值为基础，突出顶层设计，构建导向清晰、层次分明的绩效管理指标体系。

在研究设计过程中，要注意把握"系统完备、简便易行、注重落实、持续提升"的绩效理念，突出绩效指标与战略目标统一、重点突出与全面管理兼顾、强化履职与改革创新并重。

指标体系总体框架根据政府职责和阶段性发展目标进行设计，在一定时期内应保持相对稳定；具体任务可根据党中央、国务院的决策部署，地区（或部门）中心工作，重大决策，重点任务，功能定位进行差异化设置或动态调整；关注公众最现实、最紧迫的需求，及时将其纳入年度绩效任务；同步对考评指标进行隶属度、相关性和辨别力分析，科学赋予各项考评内容权重。

各级政府部门应依据年度绩效计划，以目标、结果和需求为导向编制绩效指标。绩效指标要素主要包括：

一是考评标准。明确考评工作事项，对工作落实时间、数量、质量、效果等内容合理设置目标值或完成标准。考评标准应体现差异化要求，从不同单位之间的横向对比、同一单位不同时期的纵向对比等维度进行综合评价。

二是考评分值。根据指标类别、工作重要程度、任务量大小、完成难易程度等因素，合理确定分值权重。

三是考评方法。根据指标考评内容及性质，选取量化计分法、直接扣分法、基准加减法等方式。

四是考评时间。根据考评实施工作需要，确定指标审核评分和结果反馈的时间。

各级政府部门在编制绩效指标时，应加强统筹管理和沟通协调，一般包括以下环节：

一是指标初拟。根据绩效计划，绩效办组织协调考评单位初拟绩效指标。

二是沟通审核。绩效办对绩效指标从目标一致性、要素规范性、操作可控性、考评差异性等方面进行审核，并与考评单位对接沟通。

三是征求意见。绩效办针对审核后的绩效指标征求被考评单位意见，并反馈考评单位。考评单位根据反馈意见进行修改完善，提交绩效办复核后报分管局领导审核。

四是审定印发。经绩效考评委员会审议后，绩效办汇总编制年度绩效指标，报领导小组审定印发。

绩效指标通过与各级政府、各部门签订详细的绩效协议加以落实。绩效协议以任务书的形式体现，内容设置依据 SMART 原则，力求绩效目标量化、清晰、可比较、有挑战且可实现，注意限定时间要求、责任主体和关键绩效指标（KPI），为标准化考评奠定基础。

四、绩效考核具体应用

政府绩效管理对过程和结果同等关注，围绕"做精绩效任务、做严过程管理、做优多元评价、做实反馈整改"的思路，以优化流程为抓手，注重绩效沟通，构建循环闭合、科学高效、严密顺畅的绩效管理运行体系是做好绩效管理工作的重要环节。

绩效运转一般包括绩效监控、分析讲评、沟通反馈、档案管理等内容。

一是绩效监控。年初制定印发《政府绩效管理任务书》和《考评细则》，明确年度绩效任务和相应的考评规则。考评单位应根据指标设置的时间节点，对涉及的工作任务特别是重要专项工作、急难险重任务等，准确掌握被考评单位的指标执行进度及效果，并定期通报和跟踪问效；被考评单位应根据指标设置的任务内容，加强自我监督和自我提升，保证工作任务完成的质效。

二是分析讲评。各级政府部门应强化绩效分析讲评机制，对绩效指标执行进度、取得成效、存在不足等开展分析讲评，针对问题短板研究制定切实可行的改进措施。

三是沟通反馈。建立并完善绩效信息管理系统，严格过程监控，加强信息沟通，分类分层开展察访核验和集中检查，提高工作效率，追求工作实效；组织开展360度全覆盖的评价和反馈，为地区（或部门）年度工作进行"诊断"，在形成考评分值的同时，围绕考评指标撰写全面、详尽的绩效报告，并提出整改措施。绩效办、考评单位和被考评单位以指标执行与考评、绩效分析与改进为重点，建立健全绩效沟通反馈和及时纠偏机制，促进工作整体联动和改进提升。

四是档案管理。绩效办、考评单位和被考评单位应建立绩效管理工作档案，保证资料完整、数据真实，作为核查绩效管理日常运行情况的重要依据。

五是绩效考核。绩效考评一般包括被考评单位自评、考评单位审核、绩效办复核、局领导审定和成绩发布等环节。考评单位应充分运用信息化手段，依据信息系统的原始数据，或根据日常收集掌握的被考评单位工作落实情况，采取案头考评等方式实施考评。巡视、审计、督查督办等部门应在检查报告形成后，将发现的问题报送绩效办，由绩效办反馈相关考评单位，作为指标考评的重要依据。绩效办汇总被考评单位的平时绩效考评成绩，形成年度绩效考评结果，公示反馈后报领导小组审定。

六是绩效公众评价。公众参与是开展政府绩效管理的内在要求，有利于实现公众的合理诉求与广泛监督，弥补政府绩效管理的某些缺陷和不足。政府部门应以建设服务型政府为目标，注重公众参与，构建多层次、多维度的绩效管理公众评价体系。

要积极引入社会组织和专业调查机构参与政府绩效评价，通过公开招标方式组织开展年度公众满意度调查，给予社会公众评价政府绩效的充分"话语权"。

调查对象一般可分为城乡居民和服务对象两大类，要确保各类人群全覆盖；调查方式可以采取入户调查、电话访问、现场访问、网络调查、焦点座谈会、深度访谈等；调查问卷围绕绩效指标分地区（或部门）进行个性化设计，一般可包括地区政府（或部门）履职情况、服务水平（如设置依法行政、服务态度、业务能力、办事流程、信息公开、工作效率、廉洁自律等评价维度）、整改效果等方面的内容；公众满意度调查结果要赋予较高分值和权重，纳入责任对象年度绩效考评总分，评价内容列入绩效反馈报告。通过系统听取广大公众和不同群体的声音，并认真加以吸收、改进，有效推进人民满意的服务型政府建设。

五、绩效考核模式的升级与改进

绩效考评结果作为评价业绩、改进工作和激励约束的重要依据，主要运用于干部任用、评先评优、公务员年度考核、教育培训等方面。领导班子和领导干部平时考核、年度考核、专项考核、任期考核应运用绩效考评结果。

政府部门推行绩效整改，完善绩效管理监督检查制度。考评单位应及时将年度绩效考评结果反馈给被考评单位，并加强督促指导，指明工作存在问题，促进及时整改，持续提升绩效水平。

被考评单位应根据年度绩效考评结果，对全年绩效管理情况进行评估，分析绩效指标执行情况，形成全年绩效改进报告，对存在问题制定改进措施，并纳入下一年度绩效计划，持续跟踪并对整改效果进行公众再评价，督促绩效提升，实现绩效管理工作循环联动、规范运转。

创新发展、与时俱进是政府绩效管理的生命。政府部门以政学互动为支撑，注重开放包容，构建立体化、多元化的绩效管理创新发展体系。

第三节　影响政府工作人员绩效结果的要素

政府部门在实施绩效管理时，将绩效考核指标分为任务绩效和周边绩效。

任务绩效是与岗位责任和任务的具体内容密切相关的，同时也是与个体的能力、完成任务的熟练程度和工作知识密切相关的。

周边绩效是与绩效的组织特征密切相关的。这种行为虽然对于组织的战略目标的实现和服务没有直接的关系，但是从更广泛的组织运转环境与组织的长期战略发展目标来看，这种行为非常重要。

根据新时代绩效管理的发展要求，围绕任务绩效和周边绩效的内涵和特征，将考核个人完成绩效的能力归纳为"五力模式"：绩效管理 = 决策力 + 执行力 + 能力 + 动力 + 心力。

一、决策力

决策力就是决策能力，指领导对某项工作做决定、做决断、定方向的综合性能力，包括战略决策能力、战略管理能力、业务决策能力、人事决策能力、战术决策能力等。执行重要，决策更重要。

二、执行力

执行力就是为完成既定的战略，对内外部可利用的资源进行综合协调，制定出可行性的目标，并通过有效的执行措施完成工作任务的一种力量。执行力包含完成任务的意愿，完成任务的能力，完成任务的程度。对个人而言，执行力就是办事能力；对团队而言，执行力就是战斗力；对组织而言，执行力就是管理能力。

三、能力

能力是完成一项目标或者任务所体现出来的综合素质。人们在工作中表现出来的能力有所不同，它直接影响工作效率。能力的总和是和人们完成一定的工作联系在一起的，离开了具体工作实践既不能表现出人的能力，也不能发展人的能力。

四、动力

动力，顾名思义就是目标或结果有多大的吸引力促使行为个体来实施行动。绩效管理必须要有强大的动力推动，而且要正确理解、把握和运用动力，才能使管理持续有效地进行。

五、心力

心力即心理社会能力的简称，指有效地处理日常生活中的各种需要和挑战的能力，是个体保持良好的心理状态，并且在与己—己、人—己、人—人、人—事、人—物的相互关系中表现出主动适应和积极的行为能力。主要包括四个方面的能力：情绪管理能力、人际沟通能力、自我认知能力和社会适应能力。

图 2-1 绩效管理"五力模式"图

在绩效考核过程中，决策力、执行力、能力、动力和心力的作用和影响都会存在，而且都会对绩效考核的结果起到决定作用。这五种能力不是简单的相加关系，而是五种能力组合，任何一种能力都可能影响到绩效管理的整体效能，所以要对五种能力进行系统研究、融合集成、整体推进，为绩效管理的有效实施奠定坚实的基础。

第四节　制度转化为效能的路径

新时代，政府绩效管理的主要任务之一就是以绩效管理推动政府部门制度优势转化为治理效能，推动高质量发展。

政府部门把制度优势更好地转化为治理效能的主要路径：通过绩效管理强化制度的执行力，增强制度认同力，提高制度耦合力，提升制度生命力，实现制度落实的协同力，科学衡量和改进治理效能。

一、严格实施绩效管理，强化制度执行力，推动制度优势向治理效能高效转化

制度的生命力在于执行。制度执行和落实的过程，也是制度功能得以发挥、产生效果的过程。要想使各项制度得到切实执行，就需要各级党政部门严格实施绩效管理，持续加强制度执行力，让坚持和执行制度的人受益，让无视和践踏制度的人受罚，让各级政府和公务人员敢用制度、想用制度、会用制度和能用制度，使制度在全社会有效发挥出根本性和基础性的引导作用。

二、科学实施绩效评估，提升制度生命力，推动制度优势向治理效能持续转化

治理效能是一个多面向和多维度的概念，涉及治理效率性、效益性、公平性、回应性等方面。只有对治理效能进行科学、全面、实时地绩效评估，才能明确国家治理制度的显著优势是否得以转化。

与此同时，评估、监测和跟踪治理效能，也有助于诊断和识别治理制度体系在设计和运行过程中存在的问题和不足，并为治理能力现代化提供决策建议。

三、全面提升绩效沟通协调，提高制度耦合力，推动制度优势向治理效能有效转化

从系统论的角度看，制度功能能否达到最佳状态，主要取决于其耦合程度，即各项制度之间是否兼容互补、制度的内在规范是否契合相睦、制度执行和治理过程是否存在掣肘和抵触。

通过有效的绩效沟通和协调，让不同领域和层级的制度相关方和弦共振，发挥联动效应，释放制度活力，化解治理矛盾，找到制度系统与治理实践的最佳结合点和平衡点，调适制度互斥，让各项制度能够有机耦合并形成制度合力，推进各项工作的系统性、整体性和协同性。

四、大力加强绩效文化建设，增强制度认同力，推动制度优势向治理效能自动转化

制度落实的核心问题之一是如何让人们对制度有更强的确定性和可预期性，将其内化为自觉行为并形成文化自觉。大力推进绩效文化建设，让制度执行相关的组织和个人理解、认同和服从制度，营造制度执行的文化氛围，使制度体系"动"起来和"活"起来，使制度化得以进行、加速并稳固。当外在有形的制度内化为内在无形的认同时，制度就有了持久的生命力，能够促使制度优势自动转化为治理效能。

五、注重加强绩效管理生态建设，实现制度协同力，推动制度优势向治理效能全面转化

绩效管理生态系统包括内部的协调配合和外部的协同共赢，也包括政府部门上下左右、方方面面的协同发展。

各级公务人员应尊重、敬畏和履行各项制度，切实提升执行力和协同力。社会公众也应积极参与绩效评价和绩效改进，促进各项改革举措在政策取向上相互配合、在实施过程中相互促进、在改革成效上相得益彰，朝着全面深化改革总目标聚焦发力，把制度优势全面转化为治理效能。

为把中国的制度优势更好地转化为治理效能，需要切实做好这五个方

面的工作，真正实现以绩效管理推动制度优势向治理效能高效转化、持续转化、有效转化、自动转化和全面转化，推动高质量发展。

实践案例分析

政府绩效管理制度体系设计方案及实践经验

一、《×市政府绩效评估与管理方法和程序操作规则》示例

第一条 为规范政府绩效评估与管理的方法和程序，科学合理、客观公正地评估政府绩效，根据《×市政府绩效评估与管理暂行办法》，制定本规则。

第二条 内部评估是指依据绩效评估与管理各项指标及其评估标准、权重系数、计算规则，通过"×市政府绩效电子评估与管理系统"，采集和处理评估与管理指标数据，实时、直接生成评估与管理结果。

第三条 外部评估是指由市绩效办组织或委托第三方对被评估单位的绩效评估与管理指标完成情况进行评估，以及市统计部门组织的服务对象和社会公众满意度调查的评估与管理结果。

第四条 "点、线、面"评估模型是指通过点、线、面三种不同比较方式对被评估单位的绩效进行评估与管理的模式。

"点"是以实际工作进度的点与计划工作进度的阶段目标点进行"差距比较"；

"线"是以被评估单位当前的工作情况与历史工作情况进行"趋势比较"，或对多家被评估单位进行"高低比较"；

"面"是对多家被评估单位共同完成重大任务的"合力评估"，注重评估共同任务的完成情况。

第五条 市绩效办根据市政府工作安排，每年初制定《年度政府绩效评估与管理工作实施意见》，报市绩效委批准后印发被评估单位执行。

第六条 被评估单位按照《年度政府绩效评估与管理工作实施意见》要求，制定本单位年度绩效工作方案。

绩效工作方案应当结合本单位职能和年度工作任务，细化政府绩效评估与管理指标的阶段性目标及约束性指标，提出本单位的责任目标，并于年度政府绩效评估与管理指标发布后 15 个工作日内报送市绩效办。

市政府直属单位绩效工作方案中应当对评估指标"行政业绩"中所有工作任务分别设置阶段目标任务完成的时间节点，明确工作步骤；除特殊情况外，不得以年底作为任务完成时间节点。

第七条 市绩效办应当在收到绩效工作方案后 15 个工作日内审核完毕，并报市绩效委审定后批复被评估单位实施。

绩效工作方案经市绩效委批复后原则上不得调整，确需调整的，应当报经市绩效委审定批准。

第八条 被评估单位应当按照批复的绩效工作方案组织实施，落实工作责任制，加强协调督办，及时收集工作方案中有关目标任务的进展、完成情况等数据，通过"×市政府绩效电子评估与管理系统"实时报送。

被评估单位应当在次年 2 月底前向市绩效办报送本单位年度绩效报告。

第九条 市绩效办应当跟踪、监督被评估单位绩效评估与管理指标完成情况，通过"×市政府绩效电子评估与管理系统"实时向被评估单位通报绩效评估与管理结果；被评估单位应当针对存在问题及时改进工作，并将改进情况及时反馈市绩效办。

第十条 根据工作需要，市绩效办可以进行符合性验证，对被评估单位相关指标完成情况进行核实，其结果计入内部评估。

符合性验证采取实地调查、专项检查、抽样检查等方式进行。

第十一条 市绩效办应当运用层次分析法等方法确定各项指标相应的权重系数。

市政府直属单位绩效评估与管理一级指标权重系数为：行政业绩 45%、行政效率 20%、行政执行力 25%、行政成本 10%。

区政府绩效评估与管理一级指标权重系数为：经济调节 10%、市场监

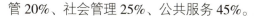

管 20%、社会管理 25%、公共服务 45%。

市绩效办可根据市政府职能转变和工作目标调整对权重系数进行修订，报市绩效委审定并发布。

第十二条 政府绩效评估与管理结果计算采用百分制：内部评估占 70%；外部评估占 30%，其中服务对象和社会公众满意度调查占 15%。

第十三条 政府绩效评估与管理结果划分为"优秀""良好""一般""较差"四个等次。大于或等于 90 分为"优秀"；大于或等于 80 分而小于 90 分为"良好"；大于或等于 60 分而小于 80 分为"一般"；60 分以下为"较差"。

第十四条 具有下列情形之一的，年度政府绩效评估与管理结果降低一个等次：

（一）出现重大、特大安全生产责任事故的；

（二）发生食品、药品安全、环保、维稳等重大突发事件，未及时处理造成恶劣影响和严重后果的。

第十五条 外部评估采取下列方式进行：

（一）组织人大代表、政协委员、特邀监察员、评估专家对被评估单位的绩效评估与管理指标完成情况进行评估；

（二）委托第三方机构等对被评估单位的绩效评估与管理指标完成情况进行评估；

（三）委托统计部门开展服务对象和社会公众满意度调查，采集公众代表、服务对象对被评估单位的评价意见。

第十六条 外部评估可以采用访谈、网上问卷、实地调查、符合性验证等方式采集服务对象、社会公众和相关社会组织对政府绩效的评价意见。

第十七条 市绩效办于次年的 3 月底以前编制市政府直属单位年度绩效评估与管理报告、区政府年度绩效评估与管理报告和专项工作年度绩效评估与管理报告，并提交市绩效委审定。

第十八条 市绩效办根据市绩效委的工作安排，可以在年中组织对被评估单位及其专项工作实施情况进行评估，并向市绩效委提交中期政府绩效评估与管理报告、专项工作绩效评估与管理报告。

第十九条 市绩效委按照规定程序将绩效评估与管理报告通告被评估单位、市组织人事部门以及市政府其他各有关部门。

根据情况，市绩效委可以决定向社会公布绩效评估与管理报告。

第二十条 本规则由市绩效委负责解释。

第二十一条 本规则自发布之日起施行。

（本文原载于×市纪检监察网）

二、政府绩效管理制度建设注意事项及优化方向

政府绩效管理制度是开放的渐变系统，不同的政府部门，绩效管理制度的内容和考评方式差别较大。

政府部门应根据党中央、国务院的部署和本部门的战略目标、重点工作制定符合本部门战略规划的制度机制，并根据外部环境、职能任务、行政理念变化而不断优化，努力打造适合本部门高质量发展的绩效管理制度体系。

（一）政府绩效管理制度建设应注意的注意事项

1.绩效管理制度不规范。

一是从战略思想层面看。目前，中国多数政府绩效管理的研究与探索建立在西方理论与实践的基础上，对绩效管理的探索主要以地方政府为主，大多属于自发或半自发性质，缺乏统一的规划和指导，对绩效管理相关概念的认识不统一，主观随意性明显。有些政府部门绩效管理实施缺乏战略思想而忽视整体工作质量、长期效益等。这种缺少法定程序加以约束的绩效管理很容易因领导人的变更而变更。

二是从制度制定与落实层面看。无论是制度文件还是实践工作，往往将绩效评价、绩效评估、绩效考核等同于绩效管理，忽视了它们之间的区别。有的制度侧重于绩效考核，强调打分排名、评先选优，导致被考核对象把注意力集中于如何获得最优名次上，而忽视整体工作的改进。有的制

度侧重于绩效评价，而忽视反馈、沟通、协同、激励、奖惩、改进等绩效管理全过程，从而导致工作效率低下，工作质量欠佳，公众满意度低等问题。

2. 缺少配套的体制、机制保障和支撑。

一是缺少完善的监督与沟通机制。政府绩效管理是由内外部监督与沟通共同推进的过程，如果仅由政府单方面推动，则会削弱绩效管理的效力与效用。在绩效管理过程中，一方面需要鼓励广大社会公众积极参与、吸收社会公众的意见与建议，另一方面也要动员下属和上级发挥主观能动性，监督彼此的工作、交流彼此的意见。只有这样，监督与沟通机制的作用才会有效发挥。目前，大部分政府在具体的实践过程中虽然有一定的监督与沟通渠道，但仍未满足公众参政议政、上下级沟通监督的需求。在具体的操作过程中，信息公开环节的缺失和不及时使得广大社会公众无法得知政府绩效管理工作的进展程度，从而未能发挥监督与沟通作用。

二是缺少激励与奖惩机制。在实际工作中，大部分政府部门往往将绩效结果作为奖先评优、晋升的依据，但其重奖轻罚、晋升机会少等特点则弱化了绩效管理的激励与约束功能。一方面，受法规制度的约束，政府绩效管理的权威性与实用性相对减弱。另一方面，由于受薪资待遇、奖励津贴、工作体制等因素的影响，公务人员的工资只能按照国家统一规定的标准发放。在这样体现不出差异化的情况下，绩效管理结果运用的作用发挥受到了制约。

三是缺乏客观性的评价主体参与机制。大部分政府部门的评价方式局限于内部考核，以自评和他评为主，在这种情况下，往往会影响绩效结果的客观性。因此，应完善绩效评价机制，相对增加评价主体的参与，减少绩效评价的主观性。

3. 信息化技术与手段应用不足。

大数据时代为政府绩效管理提供了强大的技术手段与支撑。目前，大多数政府绩效管理信息化技术应用程度不高，导致绩效信息采集不充分，智能分析手段欠缺，这些都制约了绩效管理信息化、智能化发展与优化。

4. 缺少相应的法律法规保障。

目前，大部分政府部门只是相对探索性地制定了相关办法、条例，没有形成科学规范、成熟定型的法律体系，这就使得政府绩效管理存在不确定性和不稳定性。绩效管理的法制建设应该在顶层设计上给予制度保障，尽快进行科学规划，从而提高公务人员乃至全社会人员的重视与积极参与。

（二）政府绩效管理制度建设的优化方向

1. 优化流程，提高绩效管理精准度。

政府绩效管理的质量基于差别化、个性化的管理。在指标设置环节，可以根据不同管理对象的特点实施分类管理，对下级政府部门按照区域功能定位进行区分；绩效考评环节，注重对管理对象重点工作与基础工作、显绩与潜绩、短期与中长期绩效的综合考评，追求政府绩效的整体评价；结果运用环节，畅通绩效申诉渠道，被考评单位对绩效结果存有异议，可以依照规定的程序和途径提出申诉。

2. 整合资源，凸显绩效管理服务功能。

政府绩效管理与政治、经济、文化、社会、环境建设等方面工作均密切相关。当前，政府绩效管理与其他各类专项考核评价工作，在指标的系统整合和制度的无缝衔接方面，还存在较大改进空间，需要打破部门界限，规范专项考核，整合考评资源，协同推进完善，形成工作合力。

3. 与时俱进，加强绩效管理信息化建设。

数字化、智能化是政府绩效管理的发展方向。实现绩效计划制定、绩效沟通、综合分析、绩效考评、绩效反馈的全程数字化，应以绩效管理流程为主线，设计政府绩效管理信息系统；依据考评体系，构建功能模块；采用标准开放体系进行研发，为信息共享、平台间对接预设路径；加强多维和历史数据的收集和分析，探索形成各类绩效管理数据模型；突出对地区（或部门）中长期绩效和被考评单位间横向绩效相关数据的比对和研究，建立绩效管理基础信息库，推进智慧绩效管理建设。

4. 加强立法，实现政府绩效民主管理。

政府绩效管理法制化是顺应现代民主行政要求的必然之举。将绩效管理的行政理念、制度体系、工作流程等通过法律的形式加以固化，既可以减少改革阻力，又能顺应公民参与诉求。按照法规要求定期公开政府绩效，保障多元主体参与考评，支持公众和舆论监督，既监督行政主体又监督管理行为，可以有效增强社会对政府绩效管理的关注、理解和认同，巩固民意基础、增进和谐共赢，推动绩效管理工作水平的改进提升。

第三章　公务员绩效管理体系

为深入落实党中央决策部署，严格公务员队伍管理，健全知事识人体系，完善担当作为的激励机制，应当建立健全科学的公务员绩效管理体系，把区分优劣、奖优罚劣、激励担当、促进发展作为公务员考核工作的基本任务，进一步调整优化考核内容指标，改进考核方式方法，强化考核结果运用，最大限度调动广大公务员的积极性、主动性、创造性，推动树立讲担当、重担当、改革创新、干事创业的鲜明导向。

第一节　公务员绩效管理概述

公务员绩效管理是指各级政府机关运用绩效管理理念和方法，通过计划、执行、评估、反馈等环节，对公务员履行职能职责、完成工作任务的过程和效果进行管理和评价。

一、公务员绩效管理的总体要求及任务导向

根据《中华人民共和国公务员法》和 2020 年 12 月 28 日中共中央组织部发布的《公务员考核规定》对公务员的考核，以公务员的职位职责和所承担的工作任务为基本依据，全面考核德、能、勤、绩、廉，重点考核政治素质和工作实绩。探索开展公务员绩效管理，有利于推动组织绩效向个人绩效延伸，狠抓工作落实、完成目标任务；有利于激发公务员干事创业的积极性，提高工作效能、创造工作实绩；有利于促进公务员自我改进完善，更好地成长进步。

（一）总体要求

1.坚持围绕中心，服务大局。开展公务员绩效管理，坚持党的领导，坚持从实际出发，把政治标准放在首位，要以习近平新时代中国特色社会主义思想为指导，着眼提高公务员队伍制度执行力和治理能力、建设忠诚干净担当的高素质专业化公务员队伍。

2.注重实绩，强化激励。公务员绩效管理应认真贯彻习近平总书记重要指示批示精神，深入落实党中央决策部署，严格公务员队伍管理，健全知事识人体系，完善担当作为的激励机制。

3.注重统筹协调，实施分类指导。要把开展公务员绩效管理试点工作与坚持完善公务员考核制度、全面推行公务员平时考核结合起来，加强研究谋划，抓细抓实绩效管理各项工作。进一步完善精准考核、奖惩分明的激励约束机制，健全中国特色公务员制度体系，深化分类管理，狠抓工作落实。

4.因地制宜，探索创新。要摸排分析政府部门公务员队伍状况，立足实际制定方案、稳妥推进，在实践中边探索、边总结、边完善。要将绩效管理与高质量发展融合推进，及时解决实际问题，逐步建立健全规范完善、稳定成型的公务员绩效管理制度。

（二）主要任务

公务员绩效管理工作应在实行单位绩效管理或目标管理、开展公务员平时考核等工作基础上进行。主要任务是：

1. 制定绩效计划。依据单位目标任务和公务员岗位职责，结合内部管理制度要求，分解设立绩效指标。

2. 推动绩效执行。对绩效计划执行过程进行跟踪问效，及时改进管理，督促指导公务员按制度履行职责，按计划推进工作。

3. 开展绩效评估。定期或不定期对公务员完成绩效计划及表现情况进行分析评估，评估结果作为考核公务员工作绩效的重要依据，纳入公务员综合考核评价重要内容。

4. 加强绩效反馈。将反馈沟通贯穿公务员绩效管理全过程，发挥绩效管理"诊断"作用，帮助引导公务员持续改进、不断提高。

5. 强化结果运用。绩效考核的结果运用，直接关系到公务员工作的积极性和主动性。应根据实际不断完善绩效管理结果运用办法，既突出"奖勤"的作用，也要发挥好"罚懒"的作用，激励公务员担当作为。

（三）绩效管理导向

坚持问题导向、目标导向和结果导向有机统一，在"公务员考核规定"的指导下建立健全公务员绩效管理制度机制。

1. 在公务员绩效管理中确立政治标准，突出实绩导向，做到以事察人、知事识人。

2. 围绕执行制度、完成目标任务，把组织绩效与个人绩效衔接起来，突出关键指标，建立全员绩效指标体系。

3. 坚持绩效管理与平时考核、年度考核等协同配合、优势互补，构建科学精准、简便管用的公务员考核评价体系。

4. 完善绩效沟通反馈机制。在实施过程管理中及时沟通反馈，帮助公务员扬长补短，不断提高政治素质和工作能力。

5. 完善绩效结果运用机制。在绩效评价结果运用中，突出正向激励，

做到奖惩分明，推动形成想干事、能干事、干成事的鲜明导向。

6.科学搭建信息化管理平台，实现指标检测、分析评价等在线操作，防止加重公务员负担。

二、在公务员考核规定框架内，健全公务员绩效管理体系

健全公务员绩效管理体系应涵盖基于组织发展战略的能力评估模型、绩效方案设计、绩效实施、绩效考核、绩效反馈、绩效考核结果应用等内容。

（一）基于组织发展战略的能力评估模型

组织发展战略是一个组织的发展方向，是一个组织的工作重点，也是工作绩效考评的关键指标，更是设定绩效考评指标的基本依据，而组织发展战略的实施又必须借助绩效考评机制来完成。

一个组织的发展战略要得到有效执行，必须将发展战略目标、战略要素、具体措施以及行动计划落实到具体部门，落实到具体职位，做到每项目标有人负责，每项措施有人实施，每项计划有人落实，每项工作有人完成。这样，组织发展战略才能变成现实。因此，职位分析和能力评估是绩效管理中的一个重要环节。

将组织发展战略目标通过职位分析和能力评估落实到有关部门和具体职位后，此目标就成为有关部门或某一职位的具体工作职责，也就是有关部门或某一职位的绩效考评指标。任职者要履行好这个职责，完成这些绩效指标需要具备什么样的素质、能力等，都要做出明确的界定。这个界定的结果通常称为职位胜任能力模型。能力模型的建立，为公务员完成绩效指标，实现组织发展战略，提出了具体的素质与能力标准。

（二）绩效方案设计

绩效方案内容包括绩效指标设定的原则、绩效指标设定、绩效指标分解、绩效指标权重、绩效信息来源、绩效信息采集方法、绩效信息采集时间、考评者的确定、考评结果评价、评价结果反馈面谈、考评结果运用以

及绩效过程管理与控制等内容。制定的主要依据是上级绩效目标、部门职能、职位职责以及工作流程。在制定阶段，考评者和被考评者之间，要经过充分的协商，领导和下属共同商讨是确定绩效指标的基础。

（三）绩效实施

制定了绩效方案之后，工作执行者就开始按照方案确定的绩效指标开展工作。在工作过程中，领导要及时掌握工作进展情况，对工作执行者进行指导和监督，发现问题及时解决，并在必要时对绩效指标进行调整。整个绩效过程管理就是沟通的过程，绩效过程管理水平取决于沟通的水平。

（四）绩效考核

绩效评价是在绩效考核开始时对绩效考评指标与被考评者实际绩效考核的数据和事实进行分析。有的公务员绩效好，好在什么地方，有的公务员绩效不理想，是什么原因造成的，都要做具体分析。分析评价的具体内容包括职务履行情况、职务能力情况和职位适应情况等，通过评价，提出下一考评周期的工作改进目标、能力提高计划等。

（五）绩效反馈

绩效考评的主要目的是让被考评者在今后改进工作，提高能力。所以，必须将绩效评价结果告诉被考评者，即领导与下属进行面对面的交谈。通过绩效反馈面谈，使下属了解领导对自己的期望，了解自己的绩效，认识自己有待改进和提高的方面，并通过双方面谈就下年度工作如何改进、能力如何提高、采取什么措施改进、达到什么目标达成一致意见。被考评者还可以提出自己对评价结果的不同意见以及自己在完成绩效指标中遇到的困难，请求领导的指导。

（六）绩效考核结果应用

首先，绩效考核结果可以激励被考核者工作绩效和工作能力的提高，通过发现被考核者在完成工作过程中遇到的困难和工作能力上的差距，制

定有针对性的发展计划和培训计划。其次，绩效考核结果可以显示出被考核者对组织作出贡献的大小，据此可以决定对被考核者奖励的调整。此外，通过考核绩效状况，也可以发现被考核者对现有的职位是否适应，根据被考核者绩效高于或低于绩效指标的程度，决定相应的人事变动，使被考核者能够从事更适合自己的工作。

第二节　公务员绩效管理的优化方向

一、公务员绩效管理的主要问题

（一）对现有公务员绩效管理系统的认识

从目前国内绩效管理实践层面上看，多把绩效管理看作是传统模式下的干部考核或行政效率的评价，将绩效管理简化为定期打票，填写考核表，对考核结果的应用不够重视。

另外，绩效考核指标单一，主要围绕业绩指标进行衡量，缺乏多元的考核维度以及对个人潜在特质的衡量，考核结果缺乏客观公正，无法产生应有的激励效果，政府无法利用绩效管理这一有效管理工具实现高质量发展的目标。

（二）绩效管理制度体系还需完善

近年来，国家陆续出台了一些制度和法规，对加强公务员队伍建设具有一定的促进和规范作用。党的十八届三中全会在优化政府组织结构方面提出了"严格绩效管理，突出责任落实"的要求，这是对党政部门内部运转管理方式的进一步明确。

在公务员管理方面，党中央对党政干部管理和考核工作也作出了一系列重大部署，《党政领导干部考核工作条例》《中华人民共和国公务员法》《公务员范围规定》《公务员职务、职级与级别管理办法》《参照〈中华人民共和国公务员法〉管理的单位审批办法》《公务员平时考核办法（试行）》等法律法规及配套制度办法相继颁布实施，对新时代干部队伍建设和公务员管理工作提出了新要求，同时也为构建"知事识人"的干部考核体系提供了基本遵循。

《中华人民共和国公务员法》及相关法律规定是公务员日常管理的主要法律依据，在全国范围内具有指导意义，但都没有对绩效管理进行详细规定，没有专门表述公务员绩效或考核的条目。当前大多数政府部门尚未真正实施个人绩效管理，对个人绩效考评仅限于年度公务员考核，只在年末对公务员当年的"德、能、勤、绩、廉"情况进行评价，而在这一过程中也没有"设定个人绩效目标"的概念和环节。有的政府部门虽然已经开始探索个人绩效管理，也强调要以"实绩"作为个人绩效的重要评判标准，但其个人绩效目标的设定仍然是围绕"德、能、勤、绩、廉"五个方面来进行的，并没有实现紧紧围绕组织绩效战略目标设定个人绩效目标，涉及绩效管理的规定过于笼统，与绩效管理密切相关的内容不多，规定不够，衔接不紧，容易形成自由裁量的空间，如虽然规定了公务员的绩效考核以及奖惩激励措施，但绩效计划、绩效监督以及绩效改进、绩效沟通等内容仍然缺失。由于缺乏系统化、规范化的制度规定及指导，反映在实践中，则是绩效管理标准不统一，程序各异，形式多样，甚至存在流于形式的盲目效仿等问题。

（三）科学有效的绩效考核指标体系有待完善

绩效考核制度应当为公务员的晋升、待遇和培训等提供重要依据。然而，中国现有的基层公务员绩效考核机制尚不完善，严重影响了绩效管理作用的发挥，主要表现在：

1. 考核内容比较笼统，考核指标体系设置过于简单。

绩效考核一般要涵盖三部分内容：工作能力、工作态度和工作业绩。根据《中华人民共和国公务员法》及相关制度的规定，主要从"德、能、勤、绩、廉"五个方面对公务员进行考评。虽然针对领导干部和领导班子进一步细化了一些考核标准，但是考核内容的设置仍较为笼统。在中国公务员的绩效考核中，看重工作业绩，忽视工作态度和工作能力等价值标准的现象普遍存在；同时，考核指标体系设置过于简单，通常以笼统的"优秀、称职、基本称职、不称职"或者"优秀、合格、基本合格、不合格"等指标对公务员一年的工作成绩和工作表现进行衡量，比较模糊。通过这种全体干部划"√"的考核方式，不仅难以分辨不同岗位、不同层级公务员的工作职责和工作范围，而且也不能说明被考核公务员本职工作的完成情况，只是由全体干部凭借个人主观印象或个人情感打分，考核结果的客观性难以有效保证。

2. 考核周期设置欠妥，绩效考核流于形式。

设置科学的考核周期，既能体现公务员平时的工作表现，便于及时沟通和解决工作中遇到的问题，又能测评阶段性的工作情况，与结果运用形成一个有机的整体。

目前，公务员的考核分为平时考核和定期考核。定期考核一般采取年度考核的形式，以平时考核为基础。但是在实际考核中，平时考核并没有得到有效的贯彻和落实，存在着平时考核和年终考核脱节的现象。

造成这种现象的原因，一方面是对平时考核重视不够，对绩效管理理念的理解和认识不足，另一方面是过于关注年度考核，未能真正形成对绩效考核的系统化管理。而且每年的考核在所有公务员投完票后，由相关人员统计，得票排序靠前的公务员为优秀，其余的基本为称职或者合格，基本称职或基本合格几乎没有，更不存在不称职或不合格的公务员。由于对考核结果的利用程度低，考核结果并不关乎公务员的切身利益，所以公务员在行使考核权力时难免流于走过场，使绩效考核不能真正起到考实考准的作用。

3. 考核主体单一，社会公众参与度不高。

绩效考核的主体应当是与公务员履行工作职责和完成岗位任务有密切关系的人。一般而言，公务员绩效考核的密切相关者应包括上级主管领导、考核者本人和服务对象。其实，公务员在多大程度上落实为人民服务的宗旨，只有服务对象最有发言权。

然而，在目前的考核制度设计及实践中，社会公众参与考核干部的程序不规范，在考核主体的广度及代表性上存在较大的缺陷。这就造成了干部考核主体单一，无法通过公众反馈实现提升公共部门服务质量与公众满意度的目标。

4.考核方法相对简单，考核指标缺乏科学性。

考核方法是考核主体在评价具体指标时所采用的评价方法。在中国，非领导职务公务员和领导职务公务员依据不同的办法考核。非领导职务公务员的绩效考核主要是依据行为表现划分为从优秀到不称职的四个等次，从政治素质、工作能力、工作态度、业绩表现等维度进行判断，考核结果采用单一主体的主观定性描述，受主观影响较大。对于领导职务公务员的绩效考核，则加入了民主推荐、民主测评、民意调查、实绩分析、个别谈话和综合评价等方式，这在一定程度上丰富了领导职务公务员绩效考核的内容。通过考核程序的增加、考核主体的扩大增强了领导干部绩效考核的全面性和有效性，便于为领导干部的晋升、奖励等提供科学的依据。但是，考核环节的增加带来的实际效果并不明显，在实践中存在以下问题：

一是对于不同行为表现所占比重缺乏清晰的说明，虽然规定要着重考查公务员的工作实绩，但是只停留在指导性意见层面，缺乏可操作性。

二是组织绩效和个人绩效衔接不够，绩效考核指标与公共部门的战略目标脱节，公务员的绩效考核指标没有与组织绩效的考核指标实现有机融合。

三是《中华人民共和国公务员法》虽然要求"全面考核公务员的德、能、勤、绩、廉，重点考核政治素质和工作实绩"，但是在实践中，各级政府对考核指标缺乏细化和量化，考核中缺乏定量测评与意见反馈，同时也忽略了公众的参与。

四是定性指标的主观性太强，容易使考核档次与实际工作情况脱节。

五是考核指标常常忽略公务员职级层次和岗位能力的差异，在实际操作中，所有部门使用相同的绩效考核方案，致使考核结果缺乏针对性、合理性和准确性。

六是缺少提升个人效能，进而促进个人及组织双赢的激励手段，很难达到最终提升及改善行政效率的目标。

5.绩效结果运用不健全。

绩效考核的目的不仅在于总结评价公务员在一定周期内的实际表现情况，还在于发现工作中所遇到的问题和公务员工作能力方面的欠缺之处，为公务员的培训、岗位调整、职位晋升和奖惩等提供客观依据。

当前，公务员绩效考核在一定程度上存在激励功能不足的问题，即考核结果并未与奖惩、晋升、干部交流等直接调动公务人员积极性的因素相结合，绩效结果优秀的人员没有动力去继续努力，绩效结果较差的人员也没有动力提升自己的能力或者并不知道自己究竟哪里没有达到要求。此外，对公务员职业素质和能力的开发缺乏足够的关注，绩效结果运用未起到应有的作用。

（四）绩效沟通机制和反馈途径有待完善

绩效沟通应当贯穿绩效管理的全过程，绩效计划的制订应该建立在考核者与被考核者充分沟通与认可的基础上，建立在分解战略目标到每个岗位的基础上。

目前，政府绩效计划的制定大多是以上级为主，下级负责落实上级的绩效考核指标，缺少有效沟通和民主参与，所制订的绩效方案往往与公务员的岗位职责要求和利益诉求有差距，致使绩效方案与实践工作脱节，被考评者对方案的客观性、公正性和合理性认同度不高，容易产生抵触情绪，依据该方案获得的考核结果也与真实工作情况有差距。

同时，考核过程缺乏反馈环节，公务员并不能通过考核进行自我完善和提升。此外，对于绩效改进和绩效监督环节重视不够，绩效管理体系失去了自我修正和完善功能，导致绩效管理达不到预期的目标。

（五）绩效管理的激励机制不健全

完善的绩效管理激励机制能够激发公务员的担当作为，促进组织战略目标的实现。目前，激励并未在公务员的绩效管理中发挥应有的作用，存在着过程激励严重不足和结果激励手段单一两大典型问题。

1.过程激励不足。目前很多政府部门都将绩效管理等同于绩效考核，忽略了绩效管理中其他环节的激励功能。主要表现在以下几个方面：

一是部门制定考核目标时，将上级部门的任务指标直接分解到公务员个人，很少征求其个人意见，忽视了公务员的参与。公务员作为被动接受者，在工作时会带有一些抵触情绪，从而影响了工作的积极性。

二是在工作过程中，公务员缺乏与上级的有效沟通。这会导致其为达目的不择手段的短视行为，并且影响对公务员日常工作的记录，不能为其绩效考核、绩效改进提供事实依据，使其利益遭受损失。

三是公务员考核大多都是为了考核而考核，没有将公务员绩效考核当作提升政府效率和公务员个人能力，改进其工作绩效的有效管理工具和手段。而考核主体单一、方法简单、指标笼统、频率过长等缺陷也严重影响了公务员绩效管理激励功能的发挥。

四是目前绩效考核结果的反馈主要采用会议的形式，不能直接指出公务员在工作中的问题和不足，导致其无法得知自己需要改进的地方，也无法参加针对性的培训，使绩效管理的成长激励和尊重激励不能得到充分发挥。

2.结果激励手段单一。在实践中，公务员绩效管理的利益调节功能尚未释放，制度设计与实际情况脱节，绩效结果激励单一。比如，公务员职位晋升与绩效结果关联度不高；缺乏多维的物质激励与精神激励相结合的激励机制；致力于绩效改善和提高的培训机制建设相对滞后；缺乏过程激励与结果激励的互动和使用的协调统一。

二、公务员绩效管理改进路径

绩效管理是实现组织战略目标的重要途径，应建立组织绩效与个人绩效的有机衔接。

（一）重塑绩效管理观，树立正确的管理价值取向

绩效管理过程是一个持续计划、实施、沟通、反馈、激励、改进的过程，其实质在于考核者与被考核者双方持续的、双向的动态配合与沟通，从而实现提升组织绩效与个人绩效的目标。政府部门应引导公务人员正确认识绩效管理对实现组织战略目标、实现个人发展的重要意义，坚持用正确的

观念指引公务员绩效管理实践，发挥激励功能和导向作用，将调动人的积极性和主动性作为公务员绩效管理的驱动器。

（二）加强公务员绩效管理制度设计，完善配套法规制度

制度的有效性、长期性和稳定性需要健全的法律体系作为保障。应尽快把公务员绩效管理纳入规范化、制度化、法制化的发展轨道，使其成为提高公共服务品质的有力工具。

一是设立专门的绩效考核管理机构。明确的部门设置及职责是开展工作的基础，有利于规范绩效管理工作，提升其制度化水平。

二是建立和完善配套制度。完善公务员绩效管理相关实施办法，不仅要明确公务员绩效考核的考核对象、考核内容、考核方式以及考核结果的应用，同时应明确绩效考核中的沟通与改进途径、社会公众监督、绩效申述等内容，形成规范化的公务员绩效管理体系。

三是健全社会监督制度体系。健全和完善社会公众参与评价、监督相关制度，畅通群众及时、便利、准确地表达自身看法和建议的渠道，并建立快速反应机制，发挥人民群众的整体监督力量。

四是重视平时考核的监督管理作用。只有重视平时考核，将年终考核与其有机结合，才能对公务员的绩效表现作出全面、准确、客观的评价。

五是加快专门的公务员绩效管理立法工作。基本法规的制定能够确保公务员绩效管理成为各级政府管理的法定内容和公务员管理的具体环节，能够为实践提供方向指引、权力保障和组织基础，使绩效管理工作有法可依，为实践提供行动指南和体制机制保障。

六是依据基本法规完善配套制度规范。一方面，要研究制定公务员绩效管理的单项法规，对绩效计划的拟制、绩效评估的实施、绩效沟通和改进的途径、绩效评价结果的使用等方面作出详细规定，形成标准化、系统化的公务员绩效管理体系。另一方面，各级政府部门要结合本级实际情况对基本法规及单项法规进一步细化量化，搞好配套法规制度之间的衔接工作。

（三）制定基于公务员胜任力考核的绩效计划

制定基于胜任力考核的绩效计划，首先要阐明政府期望公务员达到的绩效结果，其次要阐明公务员为达到工作目标应有的技能与行为，最后是确定和胜任工作的行为要求。

1.提升公务员在绩效计划制定中的参与度，拓宽公务员在绩效管理中的参与途径，调动其工作的积极性与对绩效考核的重视程度。在设定工作目标和发展目标时，应遵循逐级分解的方式和SMART原则，即进行政府战略目标、部门目标、岗位绩效目标的三级分解，同时明确完成任务的时间节点，各项工作任务的措施也应该具体，有步骤、有要求、可测量、有针对性，这样才能比较精准地评价工作人员在规定时间内完成工作的能力和效率。

2.在绩效计划明确的基础上确定岗位说明书。一方面，对每个岗位进行岗位分析，明确其职责、工作内容、关键工作指标、任职资格条件等，并将公共部门的绩效考核目标分解到每一个岗位，这不仅使公务员了解了自己的岗位职责与目标，也为绩效考核体系的建立提供了依据。分配工作时应考虑公务员的个人能力及胜任水平、人岗适配度，做到人尽其才、才尽其用。另一方面，要构建核心胜任力。核心胜任力是组织成员个别的技能与组织所使用的技术整合，为服务对象提供特定的效用与价值。

3.基于胜任力考核的实施与辅导。绩效实施阶段，公务人员按照既定的绩效计划及岗位说明书开展工作，而管理者对个人的工作进行跟踪与指导，收集和记录个人的工作状态和胜任特征信息，重点关注潜在胜任力特征，对阻碍个人获取岗位高绩效的胜任力方面的障碍进行挖掘与分析。绩效计划实施与辅导可及时了解个人的思想动态和工作状态，针对个体胜任力方面的障碍给予针对性的指导和帮助，以改善个体胜任力。

4.基于胜任力的考评与反馈。

一是建立具有针对性的绩效考核指标体系。注重共性与个性相结合，既要确保公务员的绩效考核指标能够反映出党和政府对公务员绩效表现的基本要求，又要关注公务员的个体差异，结合公务员所在部门和岗位的具体职责制定差异化的绩效考核指标体系。考核指标宜采用定性与定量相结合的模式：对"德、能、勤、绩、廉"等定性考核内容，根据具体岗位对指标进行三级细化，以提高公务员绩效考核的操作性；对可量化的考核内容，参考考核目标设置相应的考核指标与权重。

二是科学设定公务员绩效考核方法，提高考核结果等次的鉴别能力。对公务员绩效考核的目标、指标以及考核结果的判断都作出详细而明确的规定。

三是将公务员过去的绩效考核结果与组织未来的绩效期望结合起来，既重视绩效考核结果，也重视胜任力特征表现。

四是重视现有胜任力特征与未来胜任力特征要求之间的差距，并将该结果作用于未来的人力资源开发和公务员职业生涯规划设计。

五是强化考评沟通，将上下级之间正式与非正式、经常性与定期的沟通结合起来。这一方面有利于了解公务人员是否在按照正确的方向和方式实现岗位绩效目标，以及在此过程中是否存在瓶颈，另一方面有利于及时为个人提供反馈和指导，帮助个人提升绩效。

（四）完善公务员绩效管理沟通与反馈机制

一是考核结果应实事求是地反映公务员的工作情况，并接受公务员本人的质询，确保考评结果的公平合理。对于管理者而言，绩效管理反馈机制既能使管理者客观地了解每个公务员的工作绩效，以便对其进行下一步的人力资源管理，又能获悉现行绩效管理体系存在的问题，及时进行调整或修正。对于公务员本人而言，通过考核反馈能了解自身的优缺点，以便扬长避短。

二是建立和完善定期的绩效面谈制度。这不仅可以为绩效考核和绩效改进提供客观依据，还能作为绩效监控和申诉的客观依据。

三是建立基层公务员心理健康疏导机制。这不仅有利于保障绩效沟通的效果，还能促进基层公务员通过正常途径理性地解决工作中存在的实际问题以及由此引发的各种心理问题。

（五）加强对公务员绩效考核结果运用

基于胜任力特征的绩效考核结果运用主要体现在绩效改进、人力资源管理优化等方面。

一是以考核结果为依据，相应调整公务员的薪酬水平，调整比例应适当，避免奖惩过轻或过重，使绩效管理失去合理性。

二是将考核结果作为职务晋升、岗位调整、争先创优、培养培训的重要参考。

三是依据考核结果改进绩效。绩效考核的目的不仅在于评价和总结，还在于对不足之处进行改进。绩效改进强调管理者对个人考核结果的分析，寻找个人绩效不佳的原因，通过有效沟通共同制定绩效改进计划，并在下一考核周期中加强对绩效改进计划的关注和考核力度，以不断提升个人的胜任力来实现绩效的提升。

四是根据考核结果制定人力资源开发规划，有针对性地开展公务员专项培训，使其能够得到更好的学习和提升机会。

（六）强化结果运用，建立与考核挂钩的收入增长、职务职级晋升机制

进一步加强绩效考核的科学化、全面化，将考核结果与个人收入、培训、交流、晋升等直接联系起来，使绩效考核对公务员工作效能的激励作用更加明显。

一是实行灵活的绩效工资制和定期调整机制。调整现行公务员工资结构，增设绩效工资，每个人的绩效工资根据考核结果确定，建立多劳多得的绩效工资分配机制，打破"平均主义"。

二是将考核结果作为培训、交流、提拔的重要依据。考核结果运用中，最重要的一项是作为公务员晋升的依据，除此之外，考核结果还作为工作轮岗交流、培训、处罚的依据。政府部门应制定相应制度办法，将考核结果运用于培训、交流、晋升等与公务员切身利益及个人成长相关的各个方面，提升考核的效力，在队伍激励约束方面发挥积极作用。

三是建立考核结果异议表达与沟通机制。畅通考核结果申诉、异议表

达的渠道，并配套设置科学的申诉程序、公平公正的裁定办法。同时，建立考核结果沟通机制，上级要根据考核结果与考核对象进行沟通，表扬先进，鞭策后进，并及时指出问题，帮助改进提升。

（七）建立"终身学习培训赋能"机制，打造与时俱进的高素质公务员队伍

公务员是政府各项职能的施行者，其素质高低直接体现出政府的管理水平。目前中国公务员采取"逢进必考"的选拔机制，整体素质较高。但是，新时期、新形势对公务员的要求越来越高，加之信息化的快速发展，都需要公务员能够与时俱进，及时掌握新理念、新知识、新技能，为社会提供更高质量的服务。培训是加强公务员能力建设、提升公务员素质的重要途径。对此，当务之急是要建立一套布局合理、内容全面、方法科学、运行机制灵活的培训赋能制度体系，将培训赋能贯穿于公务员职业生涯的全过程。

一是增强培训意识。对公务员培训要树立一种投资的观念、开发的观念，以增强人的知识积累、开发人的潜能、培养人的创新能力。要以改革创新为动力，以高层次和急需人才培养为重点，以推动经济社会发展和为人民服务为目的，培养一支素质优良的公务员队伍。

二是提高培训层次。除公务员任职、提拔各个关键节点的培训外，还应该注重公务员职业生涯全过程的持续培训，包括但不限于高级知识与技能培训、与本职岗位无直接关系的延伸培训等，充分挖掘公务员潜能，培养其担任更高层次工作的能力。

三是整合培训资源。培训不能仅靠组织人事部门、党校行政学院，也可引入市场培训机构，从软硬件配备、课程设计、师资力量等方面设置准入条件；加强与国内外名校、名师的合作，采取走出去请进来的办法，整合教学资源，实现资源共享。

四是改进培训方式。要由传统的单向传授方式向案例教学、研讨、情景模拟等教学方式转变，注重教与学之间的双向交流；充分利用现有的网络资源和教育资源，积极探索和建立公务员培训的网络环境。

五是完善培训激励机制。将公务员培训的考试、考核结果和实际能力的提高，作为公务员考核、任职、定级、晋升职务的重要依据之一，建立以能力和工作业绩为导向的用人机制。

第三节　基于胜任力的公务员绩效管理体系

新时代，公务员的胜任力其实是多种能力的综合体现，主要包括以下几个方面：

一、追随力

主要表现为对上级服从、配合、主动的状态。追随力 = 服从 × 配合 × 主动。

领导者的权力主要来自两方面——岗位权力和个人权力，而这两项权力都主要依靠上级的安排和赋予。所以，要想获得岗位权力，首先要对上级有追随力，做个有效的追随者，然后才有被赋予权力的机会。

对领导的追随能够帮助组织完成好预定的目标，也能够促进管理者学习与提高。追随的本意是"支持""帮助""拥护"，是一种积极主动的状态，是建立在对领导者真正认同和对组织目标充分理解基础之上的自觉行为，是"要我做"向"我要做"的转变。

同时，也要将自己的情绪调整为积极向上的状态，善于改进自己与上级的情绪互动状态。

二、领导力

领导力是领导能力，是调动别人跟自己干的能力，是获得追随者的能力，是能够带领和引导一群人实现目标的能力。领导力 = 定战略 × 抓班子 × 带队伍。

有效的管理者能够了解并预测成员的行为，对团队成员或者团队进行协调和指导，以实现共同的目标。

在这一过程中，管理者领导力的高低决定着达成目标的效果。领导者要敢于领导，善于领导，能够凝聚人，并且能够把人团结起来形成合力。

三、影响力

改变别人态度和行为的能力叫作影响力，主要对组织外部产生作用。影响力 = 操控环境 × 印象管理 × 调动情绪 × 塑造品牌。

组织的生存、发展离不开与外部环境的互动，这种互动的过程也是组织与外部环境不断适应的过程。

一个管理者向外界传递的影响力有两种——个人形象和组织形象。因为一个人不仅代表自己，还代表某个组织、地区、国家的形象，所以管理者要有责任感地实施影响力，要努力使自己释放的信息对外界产生良好的影响，即注意"印象管理"。

管理者对外部环境的操控能力实际上就是对外部的影响力，影响力越大，管理者在处理具体问题时取得的效果就越好，反之亦然。领导者对外部的影响力实质是调动外部人情绪的能力，领导者有良好的个人品牌形象，会使领导者个人及组织品牌产生亲和力。

四、协同力

协同力是指具有打破现有组织管理边界、不断促进人与外界环境的迭代适应、寻求组织整体有序地跃迁的能力，是新时代个人实现高绩效必须具备的软实力。协同力 = 沟通 × 协调 × 说服 × 妥协 × 激励 × 关系。

面对不确定性，在管理方式上最重要的就是协同。应对不确定性，要释放人的创造力。创造力释放，需要三个基本条件：一是组织要给予个体机会；二是组织要给予个体资源与支持；三是组织要给予个体充分授权。也就是说，需要个体与组织的协同。目前，个体和组织的关系已经改变，在个体变得强大的情况下，组织应变成一个平台，更好地支撑个体创造力的发挥与释放。

五、平衡力

平衡力是指个人情绪管理上达到中庸，无过也无不及，是内心的力量。平衡力 = 不偏激 × 不纠结 × 不矛盾。

面对矛盾的事情和自己做出的决策，不偏激，内心不纠结、不矛盾，有智慧、有胸怀，能够装下矛盾，不会因为有矛盾而纠结痛苦。

"水因地而制流，兵因敌而制胜"，个人绩效五力间是动态平衡的，要因地制宜，权衡情景而应变。要根据战略部署、任务要求、形势发展和环境变化来协调五力，做到相辅相成、内外兼修、协同高效。

第二篇

新时代绩效管理模式

新时代，政府绩效管理实践的新模式是以卓越绩效为体，以智慧绩效、敏捷绩效为翼，融入发展战略，建立新思维、探索新模式、培育新要素、打造新动能、提升治理效能，推进高质量发展。

第四章 基于党建管理的卓越绩效模式

　　新时代，政府部门通过实施绩效管理实现提升站位、增强公信力和执行力的战略目标，要牢固树立"把抓好党建作为最大政绩"的理念，以卓越绩效品牌强化党建与绩效管理工作的有效融合，构建"抓好党建强绩效，强化绩效提效能"的良性循环，形成一整套科学、创新、综合的"党建＋绩效"新体系，有效调动广大公务人员的积极性，推动高质量发展。

第一节 卓越绩效模式概述

一、卓越绩效模式的概念

　　卓越绩效模式的核心是强化组织的顾客满意意识和创新活动，追求卓越的经营绩效，是当前国际上广泛认同的一种综合绩效管理的有效方法，源自美国波多里奇奖评审标准、以顾客为导向、追求卓越绩效等管理理念。

卓越绩效模式得到了世界范围内企业界和管理界的公认。目前，世界上80多个国家和地区引进卓越绩效模式作为本国或本地区的质量奖标准。2001年起，卓越绩效模式正式进入中国，开始被越来越多的企业所应用，为中国企业不断提高竞争力、取得出色的经营绩效提供多方面的服务。

本书所称卓越绩效是指通过党建和绩效管理"双循环双促进"，全面推动政府部门政治建设提质增效，努力建设讲政治、守纪律、负责任、有效率、绩效卓越的模范机关。通过实施卓越绩效品牌管理，推进治理体系和治理能力现代化，不断提升政治站位，着力找准战略定位，在服务国家治理现代化中干在实处、走在前列，争做排头兵，勇当先行军，永葆攻坚手和奋进者的姿态，确保新时代高质量发展的要求不折不扣落地生根。主要包括以下内容：

一是创新卓越绩效理念，用科学理论武装头脑，用开创性、引领性的新理念指导治理实践行稳致远；

二是完善卓越绩效体系，按照党的十九届四中全会提出的"系统完备、科学规范、运行有效"要求，对体系进行充实完善；

三是锤炼卓越绩效能力，在提升干部队伍执行力、组织机构战斗力、信息化驱动力上补短板强弱项；

四是优化卓越绩效管理方式，注重战略目标的全局性、统一性、协调性，增强具体工作的科学性、主动性、预见性，提升党建引领政府工作的效能。

二、建立卓越绩效模式的意义

（一）卓越绩效模式建设是转变政府职能、树立良好社会形象的重要举措

党的十九大提出要转变政府职能，增强政府的公信力和执行力，这是新时代转变政府职能的新形势和新任务。深化卓越绩效品牌建设，加强党对政府工作的领导，将党建和绩效管理理念融入各项工作中，是适应政府

职能转变大势的迫切需要，是服务经济社会发展大局的内在要求。通过制定考评指标、强化党建管理、落实两个责任、营造文化氛围来倒逼思想提升、职能转变、工作改进，可以有效提振公务员精气神、释放工作正能量、增强政府部门公信力和执行力，切实优化营商环境，树立政府部门良好社会形象。

（二）卓越绩效模式建设是深化改革、推进高质量发展的有效手段

深化改革是党中央着眼全局作出的重大决策，只有全体公务人员同心同德、共同努力，才能顺利打赢这场攻坚战。要实现这一目标，必须持续激发干部的实干创业热情。深化卓越绩效品牌建设，通过抓党建来强绩效，通过强绩效来带队伍，一方面将改革要求和战略目标扎根在公务人员内心，形成共同的价值追求，引导公务人员为实现改革任务和战略目标而努力。另一方面，将党建要求通过绩效管理的手段细化分解到日常工作中去，在公务人员思想深处不断输入"宗旨意识"和"党性修养"的营养，调动干事创业热情，有利于顺利推进改革，推进高质量发展。

第二节　如何实现卓越绩效模式

一、实现卓越绩效模式的路径

建立卓越绩效品牌，主要目标是深入推进领导能力、组织能力和创新能力三大能力提升体系，关键成果是不断增强"八项本领"，即学习本领、政治领导本领、改革创新本领、科学发展本领、依法执政本领、群众工作本领、狠抓落实本领、驾驭风险本领。

（一）构建领导能力提升体系

1.增强学习本领。学习是提升卓越绩效领导能力的根本源泉。十九大报告指出，要增强学习本领，在全党营造善于学习的浓厚氛围。

一是深入学习贯彻党的十九大精神和十九届二中、三中、四中、五中全会精神。要在学懂弄通做实上下功夫，切实把党员干部的思想和行动统一到习近平新时代中国特色社会主义思想上来。

二是建立健全"不忘初心、牢记使命"制度机制。按照中央统一部署，高质量建立健全"不忘初心、牢记使命"制度机制，扎实推进学习教育常态化制度化，深化学思践悟、学做结合，引导党员干部自觉用习近平新时代中国特色社会主义思想指导工作。

三是全面抓好各领域干部教育培训。有针对性地举办各类专业化培训，培养一批具有一定专长的高层次管理人才。切实加强干部教育培训保障能力和学风建设，进一步提高培训质量，强化从严治校、从严治教、从严治学。

2.增强政治领导本领。政治意识和责任感是打造卓越绩效领导能力的根本保障。

一是落实主体责任。调整全面从严治党主体责任、监督责任清单，进一步理顺各级责任落实主体的职责定位，保障主体责任和监督责任落实顺畅。

二是提升党建工作质量。持续推进党建工作规划，规范支部建设，提升思想建设、组织建设、党员教育管理水平。

三是巩固作风建设成果。继续从严整治"四风"，巩固和拓展落实中央八项规定精神成果，强化"两权"运行监督，加强执法督察和监察，构建作风建设长效机制。

3.增强驾驭风险本领。风险防控是实现卓越绩效领导能力提升的重要抓手。只有增强驾驭风险本领，才能战胜各种艰难险阻，牢牢把握工作主动权。

一是保障政府机关安全稳定。落实信访工作责任制，做好保密工作，切实加强舆论引导，关注干部思想动态，确保全系统队伍稳定。完善网络安全制度，加强网络安全防护、应急演练、数据安全保障等工作，落实各级网络安全主体责任，确保信息化系统安全高效运行。

二是完善风险管理。坚持风险管理导向，加强风险管理统筹，实现风险管理计划、项目、分析、推送扎口管理。加强跨部门风险管理协同运行，创新风险管理一体化运行机制。加强风险管理项目质量评价，完善风险项目后续管理。

三是加强干部监督管理。加强对领导干部因私出国（境）管理，严格执行备案审批制度。进一步规范领导干部和退休干部兼职（任职）各项规定，做好领导干部个人有关事项报告工作。做好工资、养老保险改革等工作，认真落实工资调整政策，保障干部合法权益。

（二）构建组织能力提升体系

1.增强狠抓落实本领。狠抓落实是实现卓越绩效目标的根本途径。只有增强狠抓落实本领，把雷厉风行和久久为功有机结合起来，才能做实做细做好各项工作。

一是扎实开展绩效管理工作。坚持问题导向，做好指标制定，推进大数据自动化考评，提高评价客观性，提高指标的区分度和差异化。加强指标制定的过程控制，提高基层参与度和贡献度。积极做好讲评分析，优化细化讲评模板，提高讲评分析的个性化和差异化。做实绩效督导工作，从"绩效管理工作质量指标"设计入手，提高绩效管理工作考评力度。

二是强化督查督办工作。加强实地督查，在督查事项安排、人员组织、方式方法、督促整改、作用发挥等方面进行优化，总结经验，改进工作，推动落实。加强大数据督查，推进督考合一，打通政务督查与绩效管理通道，提升工作落实力。

2.增强群众工作本领。提升服务水平是塑造卓越绩效组织能力的主要方式。要加快推进"放管服"改革，在对内对外服务上有新作为。

一是在对外服务方面展现新作为。推进政务服务一体化建设，规范服务标准，统筹服务资源。推进服务社会化、专业化建设，加强诚信社会建设，保障公民合法权益。

二是在对内服务方面展现新作为。进一步密切联系基层，改进和加强对基层的工作指导和督促检查。通过基层调研、日常联系等形式了解情况，听取意见建议，解决实际问题。坚持以规章制度为依据，以确保机关安全稳定为底线，落实安全管理制度，提升干部职工自我保护能力。

3.增强依法执政本领。良好的法治环境是提升卓越绩效组织能力的重要依据。增强依法执政本领，是新时代转变政府职能、提升公信力的必然要求。

一是提高公务人员的法治意识。积极开展法制宣传，多形式、多渠道对干部进行法治教育，重点加强宪法的学习领会，加强法律法规的掌握，形成崇尚法治、依法办事的良好风气。

二是加强依法行政制度建设。完善依法行政工作领导小组运行机制，完善各级学法机制，推进法治基地建设。推行权力清单和责任清单，健全依法决策机制，健全行政执法与刑事司法衔接机制，建立健全领导干部法律考核制度。

三是严格规范行政执法行为。规范执法监督和执法责任制，建立行政执法案例指导制度，做好法律援助、行政复议、行政应诉工作。加强法治文化建设，弘扬法治精神、传播法治理念、推动法治实践，推进公正文明执法。

（三）构建创新能力提升体系

1. 增强改革创新本领。创新是卓越绩效品牌成长的根本动力。十九大报告指出，增强改革创新本领，保持锐意进取的精神风貌，善于结合实际创造性推动工作。

一是提高干部创新意识。注意引导干部增强创新意识，在制度上、管理上和实际工作中持续创新。坚持以创新的理念审视发展形势，勇于革除因循守旧、墨守成规的思维定式，克服不求有功、但求无过的求稳心态，敢于打破条条框框的束缚，敢于创造性地开展工作。

二是创新工作方式方法。深入调查研究，在实践基础上创新，在遵循工作发展规律的基础上创新。要根据工作重点，结合工作实际，不断创新工作内容和方式方法。

三是紧密结合实际创新。认真组织开展工作创新评比，为创新实践提供平台，为创新人才脱颖而出提供舞台。紧紧围绕当前税收征管体制改革等工作，开拓创新思路，提出创新措施，提高创新质量，产生创新效应。

2. 增强科学发展本领。促发展、提效能是打造卓越绩效品牌的根本目标。增强科学发展本领，善于贯彻新发展理念，才能不断开创发展新局面。

一是提升工作效能。加强工作的统筹协调，充分调动各单位积极性，上下联动，精准施策。围绕重大决策、重点工作，对焦重点、热点领域，强化效应分析，深刻反映经济社会发展运行情况。

二是扎实推进数字政府建设。大力推进互联网、云计算、大数据、人工智能等新一代信息技术与实际工作的融合，推进政府治理改革，推动数字政府建设进入快车道，并以数字政府建设为核心推动中国经济发展的动力变革、效率变革和质量变革。

三是有效规范内部行政管理。全面推进政务公开，加强政策解读，做好规范性文件清理，开展常态化的监督检查，加强各部门之间的协作配合，杜绝职责不清、责任不明、相互推诿等问题，保证工作效率。

二、推进卓越绩效品牌建设的方法

（一）提高思想认识，树立系统共建的品牌建设导向

卓越绩效品牌建设的目的就是丰富绩效文化内涵，营造"人人重党建、人人讲绩效、人人谋发展"的氛围，激发干部热情，推动事业发展。为了真正发挥出品牌的效力，就必须从各个方面加强对品牌建设的认知，凝聚系统思想共识。要认真学习贯彻党中央关于加强党建和绩效管理的一系列论述，充分认识到开展卓越绩效品牌建设的重要意义，引导广大干部将思想统一到全局的决策部署上来，扎实开展工作，紧密协作配合，以自己的实际行动推动卓越绩效品牌建设的不断完善。

（二）健全领导机制，打造高效推进的品牌建设环境

要从切实增强各级党组织的凝聚力、号召力、战斗力入手，充分调动广大党员干部投身党建、狠抓绩效的主动性、创造性，将卓越绩效品牌建设工作摆在突出位置，与干部队伍建设、全面从严治党、推动高质量发展等工作统筹考虑。成立卓越绩效品牌建设领导小组，统一指导和组织开展卓越绩效品牌建设相关工作，实现专人负责，稳步协调推进。同步发挥宣

传、人事、党建、教育、监察等部门的作用，形成卓越绩效品牌建设的合力。同时，开发信息化智能平台，为卓越绩效品牌运行提供技术支撑。

（三）加强宣传推广，营造人人参与的品牌建设氛围

品牌宣传既要全面覆盖又要兼顾重点。要采取各种渠道，广泛开展群众性的宣传和推广活动，使卓越绩效品牌的文化内涵渗透到全系统工作的方方面面，渗透到广大干部的思想深处。要积极发挥领导干部在品牌建设过程中的导向和示范作用，身体力行、积极参与、率先垂范。要建立健全联络员制度，构建全系统加强卓越绩效品牌建设宣传推广的大格局，调动广大干部参与的积极性、主动性和创造性。

（四）同步完善提升，构建创新发展的品牌建设机制

卓越绩效品牌建设是一项创新性的工作，缺少可借鉴的现成经验，在建设的过程中难免会出现一些新情况、新问题，要加强同步实时调研，及时发现问题，从而有针对性地加以完善解决。在日常工作中，要不断加大学习研究力度，抓深思想政治能力提升，注重与党员干部的心灵沟通，强化人文关怀，切实增强干部对卓越绩效品牌认同。注意发挥各单位和干部职工的主观能动性，鼓励创新思维和创新举措，为品牌不断注入新的思想、新的内涵，积极培育先进典型。将好的做法、先进经验以制度的形势固化下来，建立健全品牌建设的长效机制。在党的旗帜下，凝心聚力展现新作为；在党的领导下，上下同欲推进服务型政府建设。

实践案例分析

推行卓越绩效管理　塑造新时代党建名牌

青岛市税务局党委认真落实习近平总书记提出的"把抓好党建作为最大的政绩"的要求，深入落实全面从严治党系列部署，积极构建目标明确、

组织完备、责任明晰、制度完善、保障有效的党建工作体系，并将绩效管理的先进理念和科学方法融入系统党建工作之中，进一步促进了党建与各项税收工作的深度融合，为税收工作提质增效提供了有力支撑。

一、卓越绩效模式创建概况

青岛市税务局深刻理解领会、深入贯彻落实习近平新时代中国特色社会主义思想，不断构建完善新"纵合横通强党建"机制体系，在"抓好党建强绩效，强化绩效促税收"工作思路的引领下，坚定不移推进税务系统全面从严治党向纵深发展、向基层延伸，坚持不懈下抓两级、抓深一层，抓机关带系统，抓党建促改革，凝聚税务干部的精气神，激发干事创业的正能量。

青岛市税务局始终坚持以先进的党建文化铺路，全力推动党建与业务融合共进，一手抓绩效"硬管理"，一手抓文化"软滋润"，通过对党建绩效管理工作经验的总结提炼，创新提出和全面实施了"五力模型"和"五大体系"，极大地丰富了青岛税务党建文化内涵，形成了卓越绩效党建品牌，在打造忠诚干净担当的干部队伍中，厚植向善向上、正气盈盈的浓厚氛围。

卓越绩效文化系统

品牌标识：

愿景目标：党建有力量，队伍有活力，税收有保障
品牌理念：党建统领、文化驱动、业务融通、和谐共赢
品牌内涵：抓好党建强绩效，强化绩效促税收

品牌价值观：以人为本，注重实绩，追求卓越

管 理 体 系：

落实新形势下的党的建设总体要求；

强化全局协同的党建绩效管理导向；

确立集中有力的党建绩效领导主体；

打造公平高效的党建绩效考评机制；

开展科学民主的党建绩效文化诊断；

营造沟通协调的党建绩效文化氛围；

形成和谐共赢的党建绩效品牌认同。

品牌标识寓意

青岛市税务局卓越绩效党建品牌标识可分为两大部分。最外沿为麦穗与齿轮相连而成，象征着青岛税务党建工作通过绩效管理实现了精准分工、严密配合、有序推进，进而获得了税收现代化建设的明显成效。

标识内部由红旗、帆船与海浪组成。迎风飘扬的红旗代表着以党建工作为引领推动各项税收工作开展。青岛是帆船之都，帆船在海浪上满帆航行的意象既充分体现了青岛特色，又表现出青岛税务系统在卓越绩效党建品牌的引领下，乘风破浪、勇往直前、追求卓越，率先实现税收现代化的信心与气魄。

愿景目标详解

青岛市税务局一直将党建工作作为全市税务系统建设的重心和根基，坚持以组织实施系统党建工作绩效考评为抓手，全面加强和改进税务系统党建管理工作；坚持以强化党建保障和促进税收中心工作开展，服务全市经济发展大局。通过创建卓越绩效党建品牌，努力实现三个愿景八个目标。

愿景一：党建有力量

包括三个目标：一是建设坚强有力的党组织领导班子，使之党性强、

业务精、作风正、工作实；二是健全党建工作的制度机制，形成规范化、常态化、长效化的党建工作制度体系；三是形成一条加强思想政治工作、党组织自身建设和税务党建文化建设的有效途径。

愿景二：队伍有活力

包括三个目标：一是打造本领过硬的党务干部队伍，建设一支既熟悉党务又熟悉税收业务的党务干部队伍；二是建设一支有理想、有道德、有文化、有纪律、有技能，爱岗敬业、经得起各种考验的税务干部队伍；三是形成形式多样的工作载体，创新贴近基层、贴近实际、贴近群众的干部队伍建设工作抓手。

愿景三：税收有保障

包括两个目标：一是建立一套适应税收现代化工作的绩效体系，形成税务部门党组织充分发挥战斗堡垒作用和税收管理职能的工作机制；二是创造群众满意的工作业绩，不断取得党员欢迎、群众受益、组织认可的实际成效。

管理体系详解

落实新形势下的党的建设总体要求。以习近平新时代中国特色社会主义思想为指导，深入贯彻党的十九大和十九届二中、三中、四中、五中全会精神，全面落实新时代党的建设总要求，认真落实新时代党的组织路线，坚持党要管党、全面从严治党，以党的政治建设为统领全面推进税务系统党的各项建设，切实增强各级税务党组织的创造力、凝聚力、战斗力，充分调动广大税务党员干部的积极性、主动性、创造性，为高质量推进新时代税收现代化提供坚强政治保证。

强化全局协同的党建绩效管理导向。认真学习贯彻党中央、国务院关于党建工作和绩效管理的一系列重要论述，充分认识在党建工作中开展绩效考评的重要意义，引导广大干部将思想统一到系统党建的部署上来，扎实开展工作，紧密协作配合，以自己的实际行动推动党建工作不断前进。

确立集中有力的党建绩效领导主体。成立党建工作绩效管理领导小组，统一指导、组织开展全市税务系统的党建绩效考评工作。发挥党办、政务、人事、监察、督审、巡视等部门的督查指导作用，分工协作，多方面、多角度、多层次开展对基层党组织的党建工作绩效管理，形成党建绩效考评的整体合力。

打造公平高效的党建绩效考评机制。紧紧围绕全面从严治党的工作主线，着力打造将系统党建"工作项目化、项目指标化、指标责任化"的工作锁链；构筑"党建绩效有目标、目标执行有监控、执行情况有考评、考评结果有反馈、反馈结果有运用"的管理闭环；形成党建主体责任"纵向到底、横向到边、双向互动、环环相扣、层层负责、人人向上"的落实格局；建立起党建工作持续改进的评价导向机制、落实重大决策部署的快速响应机制、促进党员干部爱党言党忧党为党的党性增效机制。

开展科学民主的党建绩效文化诊断。依据卡梅隆组织文化诊断模型，优化制作有针对性的党建绩效文化诊断模型，在系统内广泛开展问卷调查、专家访谈和专题座谈，对各项统计指标进行定量和定性分析，形成党建绩效文化诊断报告，科学制定党建绩效文化改进和优化战略规划。

营造沟通协调的党建绩效文化氛围。采取各种渠道，广泛开展群众性的党建绩效文化创建和推广活动，使绩效文化渗透到党建工作的方方面面。建立健全联络员制度，构建全系统加强党建绩效文化宣传的大格局，调动广大干部参与党建绩效文化建设的积极性、主动性和创造性。

形成和谐共赢的党建绩效品牌认同。在创建卓越绩效党建品牌的过程中，高度重视实时调研，注意发现党建绩效品牌建设存在的问题，将好的做法、先进经验以制度的形式固化下来，形成党建绩效品牌建设的长效机制。

二、实践与成效分析

青岛市税务局深入推进卓越绩效品牌建设，发挥好青岛市机关名牌效应，以卓越绩效助力征管体制改革，不断深化"放管服"改革持续优化营商环境，得到了各级领导的充分认可。中共青岛市委命名青岛市税务局卓越绩效品牌为青岛市机关名牌。

（一）抓党建，强化绩效促进税收发展

青岛市税务局坚持党对一切工作的领导，牢固树立"抓好党建是最大政绩"理念，深入落实税务总局全面从严治党系列部署，并将绩效管理的先进理念和科学方法融入系统党建工作中，进一步促进了党建与各项税收工作的深度融合，为税收工作提质增效提供了有力支撑，形成了卓越绩效党建品牌。

一是坚持"抓好党建强绩效，强化绩效促税收"理念的引领。将围绕税收中心工作、服务经济社会发展大局作为党建工作的重要着力点，积极构建"大党建"格局，实现了"纵合横通"抓党建、强党建新格局的迅速形成和巩固。

二是积极营造"人人重党建、人人讲绩效、人人谋发展"的积极氛围。坚持以先进的党建文化铺路，逐渐建立了一套富于税务特色、具有示范效应、发挥引领作用的党建品牌管理模式。

三是坚持党建"硬管理"、绩效"实抓手"、品牌"软环境"三位一体深入推进党的建设。带动党组织工作活起来、基层党员动起来，推动全面从严治党各项要求从"固化于制"飞跃到"内化于心"。

四是强化目标引领的导向作用。将"从严从实、追求卓越"作为品牌核心理念，持续激发各级党组织党建工作规范创新的内生动力。在支部"三级联创"活动中，所有党支部已全部达到合格标准，并涌现出一批作用显著的过硬支部。

五是强化文化引领的感召作用。建成了青岛市税务局"党建e站"，构筑了线上线下宣扬品牌理念、展现党建成果、开展组织活动的"双核"阵地，党建载体被有效抓活。

六是强化标杆引领的示范作用。开展双十佳先进党支部、党务工作者及党员先锋岗评选表彰，树立了战斗堡垒和先锋模范的典型榜样；在全市税务系统收集筛选做法突出、成效显著的党支部工作方法，形成支部工作法汇编，明确了基层组织创新性开展党建工作的前进方向。

（二）抓班子，品牌建设助推税收科学管理跃升

一是深化卓越绩效体系建设。在健全基于"五力模型"绩效文化五大体系基础上，对各级班子成员及领导干部的领导能力、组织能力、创新能力建设进行有机融合，提升了各级领导班子的决策力，提高了组织管理的整体绩效和能力，使各项工作保持持续改进。

二是优化卓越绩效平台建设。持续升级"绩效云图"信息化移动平台，完善绩效管理分析平台，丰富卓越绩效网站、微信等宣传平台，构建起卓越绩效媒体矩阵，深化卓越绩效品牌传播力。

三是持续优化卓越绩效行为文化。通过抓分析辅决策、抓标准促规范、抓质效促提升，优化了绩效行为文化，营造出"人人讲绩效、人人谋发展"的氛围，推动了各项工作从"固化于制"飞跃到"内化于心"，增强了税收发展动能，实现了从绩效管理文化到文化管理的跃升。

青岛市市长作出批示：全市税务系统认真贯彻落实国家税务总局和省委省政府、市委市政府的决策部署，坚持卓越绩效品牌引领，解放思想，真抓实干，在服务地方经济发展、优化营商环境方面做了大量工作，取得了一系列的成果，祝贺大家，感谢大家。展望未来，新形势，新任务，新要求，还需要继续保持良好的精神状态，再接再厉，不断做出新的努力，不断取得更加丰硕的成果。

（三）促落实，品牌建设推动社会公信力跃升

一是坚持服务基层和服务纳税人相统一。在绩效管理中强化基层服务和纳税服务导向和指标权重，让绩效管理的理念和战略导向落地。

二是坚持提升站位与增强公信力相统一。通过深入推进卓越绩效品牌建设，发挥文化的渗透力和辐射功能，通过内外环境的交互宣传和良性互动，增强税务系统的美誉度，实现了从内部价值认同到社会公众认同的社会公信力跃升。

三是坚持转变职能和树立良好社会形象相统一。通过不断提高税收政策执行的精准性、实效性，切实用税收收入的"减"，为企业高质量发展

添活力、增动力。

实施卓越绩效品牌建设以来，税收营商环境持续优化，各办税服务厅窗口平均办税时间大幅缩短，纳税人平均等候时间大幅缩短，纳税人获得感显著增强；税收征管新措不断，依托信息化手段和团队化应对机制，税收环境进一步优化。

（四）促融合，品牌建设实现工作质效跃升

一是通过"引""统""促"，潜移默化促进"四合"。通过卓越绩效品牌的"引""统""促"作用，深入开展精神文明创建等考评，凝聚合力，持续促进"四合"，持续培育出"和合"相融的税务文化。

二是做好"讲述绩效故事传播绩效文化"工作。为贯彻落实国家税务总局王军局长"用心用情用功抒写税务人的改革时代"批示要求，不断加强组织领导，谋划整体部署，明确重点工作，营造浓厚氛围，组织动员全系统税务干部开展了系列专题活动。青岛市委市政府对此高度重视，市委领导做出批示，"希望青岛市税务局持续发挥卓越绩效品牌效应，进一步发掘和丰富品牌精神内涵，将卓越绩效品牌努力打造成青岛市政府机关品牌建设的典范"。

三是开展绩效研讨，提升管理质效，进一步拓展了青岛税务绩效文化厚度和广度。组织开展了绩效研讨会，由基层局局长和税务干部讲述改革新实践、新奉献，展示新作为和新精神。青岛市委组织部考核办负责人评价指出，"青岛税务基于绩效管理探索出的新形式让人很意外，但回头一想，绩效管理工作能有这样的思考深度和实践纵度，也是水到渠成、顺理成章"。卓越绩效文化承载力进一步升级，品牌美誉度进一步提高。

第五章　数字化时代的智慧型绩效管理模式

智慧绩效既是绩效管理顺应时代潮流的主动变革，也是在技术、数据、场景和创新等共同驱动下考核考评的被动调整。革新传统绩效管理考评手段和沟通交互的方式，促进绩效系统的敏捷性升级和考评体系的提质增效是其核心。

第一节　智慧绩效的时代背景

一、智慧绩效契合信息化时代的发展要求

习近平在给首届数字中国建设峰会致贺信时指出，当今世界，信息技术创新日新月异，数字化、网络化、智能化深入发展，在推动经济社会发展、促进国家治理体系和治理能力现代化、满足人民日益增长的美好生活需要方面发挥着越来越重要的作用。

近年来，随着互联网、云计算、物联网、大数据等新兴科技的发展，

在信息化基础上发展的智能化方兴未艾，以大数据、普适计算、万物互联和智能机器为愿景的智能革命呼之欲出。大数据时代已经降临，在商业、经济及其他领域中，决策将日益基于数据和分析而做出，而非基于经验和直觉。有学者认为，这是一场革命，庞大的数据资源使得各个领域开始了量化进程，无论学术界、商界还是政府，所有领域都将开始这种进程。在当代社会，以大数据为代表的信息技术应用革命越来越彰显自身的优势，它占领的领域也越来越大，各种利用大数据进行发展的领域正在协助各类市场主体创新管理模式。

二、智慧绩效满足当前政府部门提升治理能力的现实需要

从深化改革来看，当前政府部门体制改革复杂且敏感，既要做好顶层设计，又要打通"最后一公里"。这就迫切需要更具智能化的考评方式，实现数据的自动抓取和实时的信息交互，动态调整战略方向，不断补充新的任务指向，优化顶层设计，使好的顶层设计在基层得到有效衔接与落实，使社会各界的获得感得到明显增强。

从队伍建设来看，全国政府公务人员情况复杂，干部需求多，管理难度大，这就要求各级政府部门必须完善自动化考评功能，通过大数据、人工智能等新技术手段，不断丰富和优化干部人事管理方式，进一步加强干部管理水平、提升干部工作质效。

从绩效考评自身看，面临新的时代背景和新的任务要求，考评数据质量、发挥绩效评价保障作用等方面亟须不断完善。创新行政管理和服务方式，建立强有力的行政执行系统，是提高政府执行力和公信力的重要途径之一，所以自动化考评对于进一步推进绩效考评体系的科学化、高效化和现代化具有重要意义。

三、智慧绩效是顺应时代发展潮流，进一步丰富与完善绩效考评方式的必然要求

一是智慧绩效是信息技术迭代的必然趋势。信息技术的不断发展，给政府机关组织绩效管理智能化提供了更大可能。大数据、云计算等新技术

已走进社会管理领域，用大数据管理绩效，有着数据多、维度广、运算精的技术优势。将大数据、云计算技术应用到组织绩效管理，是政府机关组织管理向信息化、集成化、智能化发展的大势所趋。

二是信息技术可以提升政府服务质量。服务型政府发展在新的历史条件下，需要依靠信息技术带来的时代红利，提高科学技术运用水平，增强政府服务的时代特色。因此，绩效管理自动化考评与信息技术的结合必然会十分紧密，尤其是以大数据分析与运用、计算机网络技术为重点研究领域。从政府信息化角度来看，各级政府部门的信息化程度比较高，经过长期的努力，服务信息化基础建设取得了长足发展，应用水平和服务效率不断提高。

三是自动化考评具备条件和基础。目前来看，智慧绩效有着强大的技术积累和深厚的实践基础。从提高治理水平效率角度看，绩效管理自动化考评可以进一步优化政府各业务系统之间的规范性，推动治理水平和治理效能的提高。随着信息技术的加速变革，绩效管理自动化考评也需要迭代更新、丰富完善。

四、智慧绩效是完善绩效考评管理，进一步提高治理效能的必然要求

新时代，政府部门绩效管理面临着巨大考验，存在着管理成本增加、工作效能减少和考核激励不均的风险。各级政府部门逐步呈现出点多线长的管理局面，需要一套信息化程度高、考评精准的绩效考核管理系统，提升绩效考核工作水平和效能。

一是从当前绩效管理体系上看，绩效管理考评需要进一步优化提升。考评导向需要进一步增强实时性。工作考评的导向作用存在滞后性，对一定考核周期内的工作质效缺少一种前置的指导和约束，过度关注考核绩效结果、忽视考核绩效过程，呈现出"前冷后热"的现象，即绩效考核之初，工作热情度较低，临近绩效考核终了，工作热情迅速攀升，导致绩效的最终目的是为了改进工作实现组织战略目标的初衷没有有效体现。考核评价需要进一步增强客观性。关键性指标设置考评存在人工记录、过程烦琐、

数据不全的弊端，考评的客观性和科学性有待进一步提升。有的关键性指标无法与业务工作实际进行紧密结合，造成指标考核依据与业务实际脱离，降低工作质效，一定程度上影响了组织战略目标的实现。考评保障需要进一步增强沟通协同。跨部门间的绩效考评沟通不足，业务部门间的数据壁垒没有打通。部分业务部门的数据无法做到充分共享，绩效数据抓取来源障碍较多，其根源是跨部门之间缺少数据共享平台，影响了绩效考评数据获取的准确性。

二是从绩效管理本质上看，提高工作效能是进一步完善绩效管理的关键。所有管理问题的核心都是效能问题。政府部门必须从绩效管理效率抓起，按照"不断满足人民日益增长的美好生活需要，不断促进社会公平正义，形成有效的社会治理、良好的社会秩序，使人民获得感、幸福感、安全感更加充实、更有保障、更可持续"的要求，通过绩效管理自动化考评，降低管理成本，提高管理效能，这也是个人、企业、社会都能感受到改革红利、增强获得感的重要基础。

三是在绩效管理效能发挥方面，作为治理体系和治理能力的重要组成，绩效管理具有价值引导、战略预测和促进能力建设的复合功能，既是"工具理性"又是"价值导向"。同时，治理体系与治理能力现代化也对政府部门提出了更高的行动标准，与绩效管理在逻辑上存在高度一致性。作为绩效管理内容的重要组成部分，绩效自动化考评体系建设是绩效管理治理体系现代化建设的重要内容，对于推进政府部门信息化建设、促进治理体系现代化具有重要作用。

第二节　智慧绩效管理的特征

智慧绩效是人工智能等现代科技对绩效管理的流程再造与服务升级，是传统绩效管理、绩效管理系统信息化的高级阶段，是绩效管理在当前智能化趋势的背景下，以服务为中心，重新审视绩效管理的实际需求，并利用人工智能、大数据等新兴技术实现绩效管理服务方式与业务模式的再造和升级。智慧绩效相对传统绩效管理具有四个显著的特征。

一是智能化的感知和度量。与以往被动的沟通或根据历史服务数据做简单分析的方式不同，智慧绩效通过一系列的智能化分析，自动获取和分析工作风险、问题不足，从而为进一步的管理和服务提供支持。例如，在满意度评价的场景中，通过智能化设备对服务对象表情、肢体动作、语音语调的分析可迅速得到服务对象对本次服务的满意程度，而无须再专门采集服务对象的反馈意见；又如，根据社会公众反映问题或投诉内容和频度等信息，捕捉社会公众的意见建议，从而发现社会公众的潜在需求和管理改进目标。

二是资源和信息的全面互联互通。智能化的感知和度量改变了采集信息的方式，将以往无法量化的信息按照某种规则进行量化分析，从而为资源的配置和优化提供决策依据。线上与线下的结合与不同渠道的信息互联使资源的配置更加合理和高效。

三是绩效管理驱动力精准高效。智慧绩效智能化趋势明显，技术、数据、敏捷管理和创新服务是主要驱动力。随着行业数据的积累和人工智能、大数据、区块链等新技术的发展，绩效管理智慧化转型已成为不可逆转的趋势。技术、数据和场景需求是人工智能在绩效管理领域得以应用的基础。其中，技术方面，算法、算力和芯片的提升，使机器从海量数据库中自行归纳物体特征、描述、还原和定位新事物的能力得以提高，并在各类人工智能准确性测试中表现得越来越好；数据方面，海量的数据是深度学习算法培育和构建的基础，为精准的目标画像和预测分析提供了可能；场景方面，契合业务场景的算法模型为绩效管理活动提供更多的精准及时的决策支持，从而能很大程度上提升工作效能。

四是覆盖事前预警、事中监控和事后分析等全流程的智能风控。智能风控利用人工智能技术构建风控模型，并将模型应用到如计划管理、事前审批、事中监控、反腐败等工作流程，通过反复地训练，不断提升模型精度，从而提高风控能力。它提供一种贯穿事前预警与反腐败、事中监控和事后分析全业务流程的风控手段。

事前预警：风控前置一直是政府部门非常重视的方向。它运用大数据技术，将申请资料、不良信用记录等信息加以整合，从而识别高风险行为，在进入业务流程之前预警风险。

事中监控：在事中，根据相关数据建立风控模型，或通过第三方数据的接入评估用户的行为特征，自动完成审批流程，做出决策。

事后分析：持续动态监控管理和服务对象的新增风险，如其他平台的事务申请、逾期记录、法院执行和失信记录、手机号码变更等，及时发现不利于管控的可能性因素，并调整相应的应对策略，解决风险隐患。

在智能风控这个应用领域，政府部门在数据和对业务逻辑的理解上具有相对优势，但就人工智能和大数据技术的研发能力来说，还有许多的不足。因而，构筑稳健、快速、准确的风控体系是未来的发展方向。

第三节 如何实现智慧绩效管理

智慧绩效的本质就是利用大数据等新兴技术，革新传统绩效管理考评手段和沟通交互方式，对绩效管理模式和服务方式进行再造和升级。

智慧绩效的实施路径需要回答三个基本问题：实现什么目标？用什么方式实现？如何实现？

智慧绩效模式包括"一个中心、三个维度"，一个中心是指"以智慧化绩效管理和服务为中心"，三个维度是指战略智能、平台赋能和功能协同，每个维度聚焦于智慧绩效中的一个核心问题。

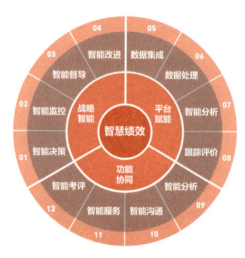

图 5-1　智慧绩效模型图

第一个问题有关政府部门的愿景、使命、战略和能力，它的核心是战略智能化，即战略智能。

第二个问题涉及智能系统的平台、结构、资源和组织，它的核心是组织平台化，即平台赋能。

第三个问题则明确智慧绩效功能、机制、生态和方法，它的核心是生态协同化，即功能协同。

智慧绩效整合了构建智慧绩效生态系统所需要的十二条战略路径，每一条战略路径对应着构建智慧绩效生态系统所需要解决的一个核心问题。整个模式解释了智慧绩效生态系统创建、生长和发展的过程，并将有利于智慧绩效生态系统发展的各种原则有机连接。

一、战略智能

从管理学正式作为一门科学诞生之日起，管理者就一直在不遗余力地推进管理对象的量化，并且使自己的决策能够更多地基于数据和模型驱动（data-driven）而不是直觉驱动（instinct-driven）。

大数据时代，以商业智能（Business Intelligence）为代表的数据分析已经在运营管理、市场营销以及财务金融领域取得了丰硕成果。这些成功经验为政府部门进一步推动数字政府的建设，创新绩效管理模式，推动绩效管理从信息化建设走向智能化建设，更好地发挥绩效管理服务大局、推动工作的质效，创建有国际视野、有时代前瞻、有职能特色的绩效管理新模式提供了可能。

智慧绩效就是将通过机器学习、人工智能、大数据分析技术，对绩效态势及影响要素进行实时监测与准确预测，为绩效插上智慧的翅膀，走好中国绩效管理领域迈向人工智能化时代的第一步，既是绩效管理顺应时代潮流的主动变革，也是在技术、数据、场景、创新等共同驱动下的优化调整。智慧绩效系统主要设计理念和思路是全方位服务治理体系现代化，打造"智能决策""智能监控""智能督导""智能改进"的战略智能平台，向"全方位服务治理体系现代化"升级。战略智能具体思路如下：

（一）智能决策

通过对绩效数据的智能分析，考核评价结果的对比分析，相关数据的预测分析，深挖数据价值，实现深化决策态势感知、决策效果评价、创新智慧型决策指挥、内部监督评价、学习型赋能等内容。

（二）智能监控

通过 ERP、CRM 等系统开发接口，实现绩效管理信息系统对大数据应用平台数据采集的自动化。既采集和政务管理与服务直接相关的数据，又广泛采集社会化评估、监控等方面的信息。在指标运行全过程，实行路径控制和动态监管。根据不同指标分类设置关键节点和目标值，对重点任务和重要指标进行跟踪监督管理，到期未达标，系统自动预警提醒。通过自动化采集数据、实时提取信息，为考核结果提供真实、及时、持续的数据，如实反映工作进度、任务流程，突破按照固定时间进行考核的固有模式，切实提高考评的精准性和及时性。

（三）智能督导

将系统内部自动抓取分析的数据信息，呈现在绩效平台的交互界面上，实时显示工作完成进度，便于用户及时掌握工作完成情况。对于确定的风险指标，自动生成指标清单，包括风险指标名称、风险等级、风险应对措施、完成时限等，并将自动关联的外部建议书投送到工作提醒中，为用户有目标、有计划、有步骤、有标准地开展工作提供风险提示和智能支持。

（四）智能改进

通过建立相关数据模型，将各单位绩效工作完成情况完整地展现出来，在突出与同级单位之间横向比较的同时，增加与本单位以前年度的纵向比较，为改进工作提供更多思路。对落后指标和扣分指标进行智能分析，发现薄弱环节，帮助补足短板。通过记录用户行为习惯，对各单位行为进行画像，绩效先进单位和工作突出单位进行经验分享，先进帮助后进，共同改进提升。

二、平台赋能

大数据云计算技术可使政府部门从周期性绩效考核转向实时跟踪绩效指标完成情况和风险，为工作人员提供及时的绩效反馈，并依据绩效动态调整工作措施。

过去的绩效考核数据搜集成本高，费时费力，所以大多以半年或一年为绩效评价的周期，难以满足工作及时高效的要求。大数据时代，提供了丰富的定量绩效数据，并且是实时更新的，能够及时精准地进行绩效监控，并通过在线系统对被考评单位和工作人员提供自主性的绩效反馈。

此外，绩效评估的主观因素降低，过去难以量化的因素被大数据所囊括，评估方式更为透明，新的绩效评估不仅可以衡量工作的结果，也能分析产生结果的原因，为绩效反馈提供更具体的改进建议。

智慧绩效平台，搭建"数据集成""数据处理""智能分析""跟踪评价"四大功能模块，对绩效管理模式和服务方式进行赋能、再造和升级。

（一）搭建开放共享的数据集成平台

目前政务管理和服务数据分散在多个信息系统内，相互之间不能实现完全的数据共享，形成数据孤岛。过去绩效考评涉及的数据内容主要是基于人工管理的结构化数据，主要包括绩效任务指标、报告等纸质材料，政务管理信息系统统计的各项数据和督查、巡察发现的问题等。大数据技术大大拓展了绩效分析所能够使用的数据内容。

在大数据条件下，智慧绩效分析的数据来源具有如下特点：一是尽可能从多种不同来源获得数据，以便于对数据进行多方验证，提高数据质量；二是数据搜集手段以自动化采集为主，不需要人工调查或填报，搜集的速度很快，绝大部分数据是实时数据。这些数据不是被考评者有意识地提供的，而是其行为的忠实记录，大大增加了数据的真实性、连续性和实时性。

绩效管理信息系统通过确定内部统一绩效数据采集标准和外部第三方评价信息，逐步建立一套完整的数据资源采集和管理体系，解决绩效数据整合问题，从而为绩效管理信息系统进行数据处理提供基础保障，为实现绩效自动化考评提供坚实的数据源基础。

（二）搭建实时处理的数据处理平台

过去人工绩效分析主要依赖日常收集的结构化的数据，这些数据的优势是与工作相关性强、准确、完整、数据质量高，局限性在于数据搜集成本高，数据延迟时间长，缺乏连续性的数据，反映的内容有限。这些传统数据恰好可以与智慧绩效大数据形成优势互补。

因此，在大数据条件下，需要将这些传统的结构化数据和多种不同来源、结构化程度不同的智慧绩效大数据进行整合，并将数据结构化，最终得到可以进行分析的数据集。

绩效管理信息系统的核心是实现指标任务完成情况的数据量化和计算，数据处理平台通过数据挖掘，从海量的绩效数据中，挖掘值得参考的部分，转换为有价值的、有精准需求的信息，同时与指标完成进度相关参数进行关联度分析，实现信息数据分析与绩效指标考评实时反馈，以便于利用大数据实现绩效的自动化考评。

（三）搭建风控前置的智能分析平台

在数据分析的方法上，呈现出两个方面的变化。一是数据分析的自动化程度提高，分析方法的通用性增强。随着人工智能和机器学习在大数据分析中的应用，不需要改变程序就能够分析不同类型、不同结构的数据，有些系统甚至能够自动作出反馈。二是数据分析的实时性要求提高，大多数情况下要求立即得出结论。

智慧绩效智能分析模块弥补指标过程监控弱化的缺陷，不单单以指标考评情况进行预警，而是以实时监控工作风险点和完成质效为标准，及时进行工作风险分析、预判和反馈。系统通过监控指标任务完成情况，按照固定周期出具完成情况分析报告诊断书，对当前存在失分风险和完成进度滞后的指标调用大数据云计算，对比分析历史数据和第三方信息，利用系统内搭建的分析模型，直观展现指标任务工作完成情况，确保绩效管理工作全过程实时监控。

（四）搭建持续管理的跟踪评价平台

绩效管理信息系统在实现指标自动化考评的基础上，利用"深度学习""机器考评""智能评价"等功能，对指标任务完成情况开展后续跟踪评价，针对指标完成改进情况进行智能分析，查找工作改进过程中的不足，并自我调整优化改进方案，真正实现绩效闭环管理，为下一步绩效管理提供更加客观科学的参考。

三、功能协同

智慧绩效功能协同体系有四大系统：智能分析、智能沟通、智能服务、智能考评。

（一）智能分析

1. 主要内容。

智能分析包括深度挖掘、态势感知、风险气象、智能风控。

深度挖掘是指利用文本挖掘和先进的 NLP 自然语言算法，基于人工智能调用大数据云计算，对内部资源和第三方信息进行对比分析，透视对行政相对人语句和用词表达的情感倾向，剔除主观偏见，发现行政相对人数据的客观规律，为行政相对人"画像"，为"态势感知"分析功能打牢基础。

态势感知主要通过自动、实时对纳入智慧绩效考核指标的具体工作事件进行事件分析，并通过数据整合对抓取的政务管理和服务工作中的关键词汇进行分析。对被考核人员的工作完成度、及时性、准确性进行"去人工化"的综合客观考量。

风险气象和智能风控指通过对政务管理和服务指标相关数据进行对照分析，诊断完成绩效指标过程中存在的风险点，形成直观形象的绩效风险气象图，自动将推算出的风险点推送给责任单位和责任人，进行整改提醒。从根本上改变传统绩效考核事后算账、被动应对、消耗资源的困境，开启积极应对、精准分配资源的智慧绩效新模式。

2. 工作方式。

通过将智慧绩效系统关联到相关数据源，进行对照关联分析，通过与企业、社会团体等组织合作开设意见建议反馈平台等方式获取第三方信息资源，根据内部和外部数据分析，对相关指标进行风险提醒和考评，形成对政府相关部门服务质量的有效考量标准，实现政策宣传落实情况绩效考核智能化。同时，定期提出分析报告和建议书，给相关部门决策提供服务。

（二）智能沟通

1. 主要内容。

智能沟通包括看板管理、颜色管理、项目推送。智能沟通是客户端用户的窗口交互界面，通过看板管理将系统智能分析绩效数据以饼状图、树状图、折线图等简明图形呈现在界面看板，供用户随时查阅。通过颜色管理对用户的绩效任务完成情况进行区分和直观评价。通过项目推送，自动为用户推送系统计算的工作计划、工作要点、工作风险等。

2. 工作方式。

通过在系统中人工智能自主分析绩效指标构成，从相关大数据系统等网络自动抓取数据，验证工作情况。自动预测工作难点与风险点，关联梳理专家建议，生成智能助手小贴士，投放在智慧绩效工作台。并设置专家在线问答平台，通过智能分析各客户端工作情况，系统自动评选出不同领域的专家用户。

对用户在专家在线平台发布的疑难问题，经过智能筛选推送给专家用户解答，并实时根据专家用户陆续上传的解决经验汇总成决策方案，供用户选用。智能沟通能够对战略决策推进中各项工作进行有效的智能分解，对工作人员完成各项指标情况进行提醒，有效提升工作落实效率与质量。

（三）智能服务

1. 主要内容。

智能服务包括互动咨询、专家系统、梯度服务。它充分调用大数据云计算技术，建成高度集成的智慧工作台。通过智能联想技术，根据用户的绩效任务自动关联相关知识。用户可根据工作需要随时检索相关法律、法规。同时，开放用户对专家和用户对用户的 P2P 交流功能，便于用户随时向专家咨询，用户间交流工作经验、传递工作资料。

2. 工作方式。

通过智慧绩效系统自动分析工作落实中不同的服务需求，从"大数据云平台"中对相关服务对象进行"对号入座"，并根据系统建立的相关政策适用导图，针对适用不同服务政策的服务对象进行"私人定制"，更加精准地向服务对象投送与其高度相关的通知通告。通过服务定制和相关管理服务通知通告推送功能，定时、定向、精准地推送给相关服务对象，加强政策宣传的及时性和准确性，降低政策学习成本和宣传成本，提升服务对象对相关政策的知晓率与满意度。

（四）智能考评

1. 主要内容。

智能考评包括深度学习、机器考评、智能评价。主要是利用大数据进行自动化绩效考评，逐步发挥人工智能的自主学习功能，通过分析每位用户的工作习惯，自主生成自适应生态系统。通过对个体习惯进行分析，进行无"偏爱"、有"温度"的机器考评和智能评价，将人机交互形式由传统的用户掌握计算机技术转变为计算机技术了解用户，为绩效管理提供更加客观，更加人性，更加科学的参考。

2. 工作方式。

通过将智慧绩效系统与相关大数据系统关联，通过提炼关键词等抓取手段，抓取考评时段绩效指标出现的问题，智能分析考评相关指标，评估工作质效，进行绩效改进。

实践案例分析

智慧绩效——服务治理体系新生态

2019 年 2 月，青岛市政府组织创新工作案例评选，总结政府工作中的创新思路和举措，并遴选出值得借鉴的案例进行介绍，青岛市税务局"智慧绩效"入选。

青岛市委相关领导作出评价："青岛市税务系统营造了浓厚的绩效氛围，促进了各项工作落实，助力征管体制改革，得到了社会各界的充分认可，同时也为政府部门创新绩效管理方式提供了有益的借鉴。"

一、智能协同，共筑税收治理体系"智能生态"

（一）智能协同管理，助力提高税收改革发展绩效

重点工作智能督考。实现督查事项实时跟踪、直观了解、远程指导，使各级之间沟通更加畅通快捷，工作开展更加迅速、有序。

协同管理智能联动。包括政务值班智能提醒、信访管理智能联动、突发状况智能报告、教育培训智能查询等。

（二）智能监控分析，助力提升纳税服务绩效

系统安全风险智能体检。以税收营商环境指数（包括纳税人满意度调查指标、纳税服务工作质量等）等为数据支撑体系，设置并划分不同比例标准，展现青岛市税务系统整体气象与各基层局体检对比，"对症下药"更具针对性和实效性。

办税场景智能监控。依托人工智能，对办税大数据进行科学分析，及时发现工作开展过程中出现的问题，并根据日常工作实际，适时推送相关工作任务通知，有效维护正常有序的办税秩序。

（三）智能风险预警，助力提升税收征管绩效

需求指数智能画像。通过12366、局长信箱、青岛市政府服务热线、电话受理等途径，对税务干部和社会群众需求进行精准画像，有效利用需求信息，倒逼提高税收征收管理质效。

风险信息智能预警。结合税务干部和社会群众需求，构建风险指标模型和应对举措，对当前及今后一段时期内服务需求数量走势和风险爆发点进行精准预测，并将风险预警信息有针对性地推送至所属单位、部门、岗位，大大增强风险应对的前瞻性和实效性。

（四）智能考核评价，助力减税降费落地落细

减税降费智能考评。智慧绩效平台对接金税三期等大数据资源，根据减税降费等重点工作考核指标，进行智能分析预警、自动考评，整合税收业务和行政管理事项，完善双向沟通机制，进一步提升日常信息快速应用与反馈效能，为绩效管理提供更加具有针对性、及时性的服务。

治理体系智能生态。运用大数据云计算与自动化技术，提高了管理效率，降低了管理成本，绩效管理呈现出工作评价及时化、民意调查信息化、绩效评估自动化、决策分析智能化，逐步形成人类智慧物化在税收领域所产生的全面感知、可视、智能的税收新生态。

二、向"智"而行，在改革实践中发挥智慧绩效效用

新机构成立以来，青岛经济技术开发区税务局（以下简称开发区税务局）结合工作实际，积极探索以智慧绩效抓班子、促落实，"让数据说话""用指标问效"，在考评指标数量上做减法，在绩效落实思路上做加法，在考评成果运用上做乘法，促进了减税降费等重点工作的落实，有效调动了广大干部的积极性，促进了新机构"四合"，展现了新税务新作为新形象，推动了税收现代化事业的高质量发展。

（一）智慧绩效成为落实改革与税收任务情况的试金石

面对新形势、新任务和新要求，在青岛市税务局的指导下，开发区税务局探索建立智慧绩效管理系统，突出确保减税降费政策措施落地生根这个主题，聚焦圆满完成预算确定的税费收入任务这一主业，把牢统筹推进优化税收执法方式与加快健全完善税务监管体系这条主线，开放纳税人政策咨询模块，让纳税人多跑网路少走马路，针对不同类型纳税人建立政策适用导图，私人定制专属政策优享大礼包，精准投送高关联性的通知通告，并通过智慧绩效的实时提醒，抓好减税降费与税收工作落实。智慧绩效为全面提升税务机关维护正义、保护权利、供给服务等方面的能力和水平提供了更加有力的支持。

（二）智慧绩效成为促进税务机构深度融合的催化剂

机构改革后续任务更加艰巨，特别是新机构深度融合的难度较大。在机构改革后的一段时间内，开发区税务局围绕促进机构融合、推动工作落实，设置了一系列信息化考评方法，如金三系统并库运行、纳税人通过网络和12366平台投诉等，通过这些信息化平台，实时掌握一厅通办、一网办理的落实情况和纳税人对新税务的满意度与意见建议。针对表现出的力合、心合不足的情况，以党建为引领，建立"光彩税徽"党建品牌，采取表彰改革先进、开展文体活动、设立减压设施等多种方式，向干部送去来自党委的关怀，给队伍设立共同进步的目标，逐步消除了原国税、原地税在管

理体制、运行机制、绩效文化等方面存在的差异，促进了新机构在事合、人合的基础上加速实现力合、心合。

（三）智慧绩效是抓班子、促落实的指挥棒

智慧绩效的管理方式，用"去人工化"的智能考核和决策支持，承担起辅助抓班子、促落实、提质效的职责使命，督促基层单位和税务干部勇于担当、善于担当、高效担当，突出主题，聚焦主业，把牢主线，把各项工作抓细抓实抓出成效，进一步发挥了"指挥棒"作用，为进一步推进税收现代化建设提供了新的有力支持。

第六章　认识理念的敏捷绩效管理模式

　　敏捷绩效是一种理念，体现在价值观层面的"马上就办"的效能思想的传承与落地；体现在工具技术手段层面的适用性、激发性和内生性；体现在利用OKR（目标与关键成果法）理念的动态管理、互动沟通和迅速应变；体现在组织沟通保障层面的内外环境的协同融合和政府部门各层级的协同配合。

第一节　敏捷绩效管理体系

　　大数据时代，政府绩效管理模式创新理念和路径契合当前推进国家治理体系和治理能力的需要，重点在于借鉴引入敏捷绩效管理方法和工具，形成敏捷绩效意识，科学化绩效管理标准，完善绩效管理体系。实施敏捷绩效管理去实现组织创新性的战略目标，是组织协同管理的创新与突破，也是绩效管理的创新与变革。

一、敏捷绩效管理的价值理念与原则

敏捷绩效管理模式是借鉴敏捷管理法理念和方法，建立敏捷目标设定、透明敏捷反馈、关键结果跟踪、季度评分改进等流程体系。

敏捷绩效管理系统，就是让团队持续不断地利用反馈信息去思考目标达成状况，实现团队成员的自我组织和自我优化，有效提升工作质效。敏捷绩效管理的价值理念包括有效沟通、化繁为简、及时反馈和自我激励，激励团队成员以积极的态度开展创新性工作，在创新团队中以及所有项目协同之间有效地沟通，对项目进展进行有效反馈，及时制定相应的解决方案。

二、敏捷绩效在绩效管理中的应用

对于组织而言，外部管理在于确保整个组织能够灵活应对干系人的需求及外部环境的变化，内部管理在于确保每个团队成员的能力培养与潜能开发，从而最终实现组织与个人的共同成长。这也正是绩效管理体系的正确导向，所以敏捷绩效管理在组织中日益重要。

具体来讲，敏捷方法论存在于绩效管理体系中的两个层面：

一是组织战略层面。新时代的政府部门更需要敏捷管理以响应外部变化并优化组织发展需求，快速响应并调整组织战略目标，保证组织与个人战略目标方向保持一致；

二是团队成员层面。通过团队的快速反馈，进行敏捷辅导来提升团队成员能力，激发团队成员潜能，促进团队成员业务水平提高。敏捷绩效管理的最终价值实现在于将组织层面与个人层面维系于同一战略目标下，使团队成员与组织共同发展。

三、科学规划绩效管理体系架构

OKR 是以目标为起始点，在制定出总体战略目标后，部门及个人据此设定各自的部门目标及个人目标。

（一）目标聚焦，形成敏捷高效"动力源"

OKR 敏捷绩效管理以战略目标为导向，在全面落实 KPI（关键绩效指标）的基础上，对具有创新性、关键性、时效性和协同性，并需要重点突破、跨部门协调推进的重点工作，运用目标与关键成果法推进落实，以更科学的沟通、更规范的流程使核心目标更突出，实现目标自上而下与自下而上的统一协同。

在日常工作中，通过建立健全 OKR 敏捷绩效管理会议制度，不断强化过程管理和推进落实的敏捷性。通过周例会、月例会、攻坚会、季度复盘会等协同沟通性会议，构建起 OKR 进度持续跟踪问效机制，在动态管理和督促进度的同时，不断提升沟通协同的主动性、有效性和自驱力，以全过程的快速反馈沟通增强组织敏捷性和协同性。

（二）融合集成，构建综合协同型绩效管理

在不断完善卓越绩效、智慧绩效、敏捷绩效的基础上，新时代政府绩效管理实践创新重点是打造综合协同型绩效管理，坚持以卓越绩效加强党建引领，以智慧绩效提供智能化支撑，以 OKR 敏捷绩效强化目标和执行，形成综合管理的闭环，通过解放思想、创新模式、信息化联动，为推动制度优势转化为治理效能提供有力保证。

综合协同型绩效管理，是在绩效管理制度体系框架内，对综合性、系统性、创新性的重点工作任务融合 KPI、OKR 和大数据考评方式，以敏捷、协同、创新为核心要求，确保实现战略目标和关键成果的一套定义与跟踪目标及其完成情况的绩效管理方法，对于提升政府部门绩效管理的质效，提高工作协同水平具有积极的借鉴意义。

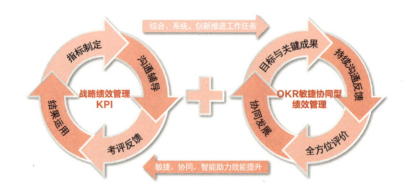

图 6-1　综合协同型绩效管理模型图

四、敏捷绩效目标设定

（一）设定目标

1. 全员设定。政府部门、各级领导及公务人员都从战略任务开始设定自己的年度目标和季度目标。

2. 从上至下。目标的设立顺序应该是从单位到部门到个人，因为个人想做什么和管理者想做什么一般来说是不会完全相同的。个人可以通过先查阅上层的目标，再确定自己的目标。政府部门也应根据每个人的目标及关键结果来及时优化整体战略任务。

3. 目标共识。目标必须是在各级管理者与公务人员直接充分沟通后的共识，没有达成共识的目标不能算作目标，目标的设定以达成共识为终点。

4. 目标具体可衡量。例如，不能笼统地说目标是"让政务网站更好"，而是要提出诸如"让政务网站满意度提升 10%"或者"融入度提升 15%"之类的具体目标。

5. 有野心的目标。一般来说，1 为总分的评分，达到 0.6—0.7 是较好的了，这样才会不断为目标而奋斗，而不会出现期限不到就完成目标的情况。

6.目标不能过多。每个人通常每季度制定 3 到 5 个目标，目标太多并不利于高效敏捷工作。

（二）针对每个目标设定 KR（关键结果）

目标要有年度 KRs，也有季度 KRs。年度 KRs 统领全年，但并非固定不变，而是可以及时调整，调整时要经过审核批准；季度 KRs 一旦确定就不能轻易改变。

KR 应具备的特点：一是必须是能直接实现的目标；二是目标必须具有进取心、创新性；三是必须是以产出或者结果为基础的、可衡量的，并设定评分标准；四是不能太多，一般每个目标的 KR 制定 3 到 5 个；五是要有时限要求。

（三）OKR 设置要求

1.目标设置简单清晰。一个季度最好设定 3 个左右的 O，每个 O 下面设定 KR 的指标也最好不超过 5 个，保证每个人对 OKR 工作任务明确清晰。

2.目标要具有挑战性。KR 必须具体，OKR 的精髓就是鼓励工作人员突破自己的能力，具有创新性、挑战性的 O，才是合格的 O。

最佳的 OKR 不一定是 100% 完成，3/4 完成就好。高分并不一定受到表扬，如果本季度目标制定野心不够，下季度 OKR 制定则需要调整。低分也不应受到指责，而是要通过数据分析，沟通协调，找到下一季度 OKR 的改进办法。

3.跨部门合作要写进 OKR 清单里。部门的 O 都能支撑组织的 O，但是它们之间的关系有可能是必要但不充分。特别是满意度等目标，需要多部门的协同和配合，因此这些部门在制定 OKR 时应该提前和可能涉及的合作部门沟通，把双方的工作写进彼此的 OKR 清单里。

第二节　如何实现敏捷绩效管理

敏捷绩效管理的支撑点是充分利用人员和信息等资源的作用，把创新性、自主性、卓越性团队沟通的敏捷精神融入组织中，进而实现高效率发展。推进路径主要有以下几个方面：

一、将工具理性与价值理性相融合，更加关注价值理性

敏捷绩效管理的核心理念同时关注了效率与民主，从而决定了绩效管理不单纯是一种管理工具，而且包含和体现了公平、服务、责任等现代民主的价值理性。

政府绩效管理既重视投入产出比、工作完成程度、岗位责任制度等刚性指标，又非常重视工作作风、服务态度等柔性要求，政府部门绩效管理过程与结果富含了工具理性与价值理性的融合。

目前，公共资源的合理配置和有效使用，需要社会公众的广泛回应来具体体现，所以政府部门的公共服务特性决定了关注价值理性敏捷绩效管理的重点是关注效率，同时关注有效性，并与资源利用、顾客满意度、受托责任以及公众回应性等价值诉求相关，将工具性与价值性相结合的同时，更加侧重于价值理性的实现，更加符合新时代政府绩效管理的诉求和需要。

二、聚焦团队，提升团队凝聚力与满意度

提升团队业绩比提升个人业绩重要得多，卓越团队的目标能够更加有效地驱使组织实现战略目标，同时要注意个人与组织的战略目标保持一致性，实现提升团队高水平业绩的目标。

敏捷绩效重视将工作激情和工作乐趣转化为更高的绩效，提升组织运作的透明度，使个人获得自主感、归属感、目标感。在每个项目循环周期结束时，通过小组会议让团队的每位成员找出有待改善的方面及建议，并在下一阶段开始前设定解决方案。

敏捷绩效管理不仅是一种科学管理理念，也是一门管理沟通艺术，是以个人为核心驱动、以复杂系统为背景的新型管理模式。敏捷绩效管理能帮助组织在实现价值最大化、风险最小化的情况下进行优先排序，基于组织战略目标，提供给个人自由发挥的空间，以实现个人的创造力，并获得组织与个人双赢的效果。

三、将绩效沟通作为绩效管理的核心

传统的绩效管理思想侧重结果考核评价，在一定程度上忽视了绩效管理过程中的信息共享与交流沟通的重要性。

新时代，政府部门的价值主要体现在让社会公众获得最大程度的服务满意度，绩效管理的最终目的是为了激发组织团队和个体的最大能力，创造尽可能大的价值贡献，应将沟通意识、沟通过程、沟通渠道、沟通结果视为绩效管理的重要环节。

绩效管理过程中及时沟通，有利于将问题发现在萌芽期，将风险控制在最小化，将潜能激发在开始端。

政府绩效管理应当强调沟通意识，使得不同机构、不同岗位、不同人员都提前建立信息沟通思维。与此同时，政府部门应当构建科学合理的信息沟通机制，包括建立顺畅的沟通渠道，明确信息互换与共享形式，对沟通结果的有效利用等。绩效管理的目的是提升公共服务质量，因此，将绩效管理过程中出现的问题、意见、不足进行及时地交流和沟通，将有利于显著改进绩效管理水平。

实践案例分析

推行敏捷绩效管理　推动高质量发展

为认真学习贯彻党中央、国务院关于"严格绩效管理""创新行政管理方式"的一系列决策部署，青岛市税务局坚持守正创新、集成发展，创

新推行敏捷绩效管理模式，于 2019 年开始在莱西市税务局进行试点，不断优化绩效管理制度机制，进一步提升治理效能，推动高质量发展。

一、推行敏捷绩效管理的主要考虑

经过多年绩效管理的实践和优化升级，绩效管理已经形成了较为完善顺畅的运行机制，在提效能、促落实、推动高质量发展等方面发挥了积极作用。创新绩效管理模式，推行敏捷绩效管理，主要基于以下考虑：

（一）坚持守正创新，是打造青岛税务综合绩效管理体系的重要举措

为努力打造创新实用的绩效管理体系，推行敏捷绩效管理，贯彻落实税务总局党委的部署要求，同时结合青岛税务绩效管理实践经验，集成 KPI、OKR、数据考评，努力打造青岛税务综合绩效管理体系，建立起将制度优势转化为治理效能的绩效生态系统。

（二）深度激发潜能，是促进组织与个人一体共赢的有益实践

敏捷绩效需要制定高质量、有挑战性的目标和准确衡量目标的关键成果，强调内外和上下左右的协同发展，层层联动，对管理能力和执行能力提出更高的要求。在推进过程中通过高度聚焦目标，注重关键成果的达成，强化便捷高效的绩效沟通，不断提升税务干部的执行力和组织战斗力，促进组织和个人共同发展。

二、推行敏捷绩效管理的基本情况

1. 理论研究借鉴。2018 年，青岛市税务局考核考评处便开始对 OKR 相关理论进行研究，分析借鉴 OKR 实践案例，结合税务绩效管理实际对 KPI 和 OKR 进行对比分析，梳理异同，积极探索将 OKR 引入税务绩效管理的路径和有机结合的方法。

2. 试点实施情况。2019 年，莱西市税务局在市局的部署和指导下，坚持统一领导、稳妥推进的原则，开始试点实施敏捷绩效管理。根据绩效考评指标、年度重点工作任务等确定项目，运用 OKR 敏捷绩效管理理念和工

作方法推进相关工作。结合工作实际,建立健全实施意见、实施细则等制度机制,成立工作领导小组及有关项目组,定期与市局进行对接沟通,保障敏捷绩效管理顺利推进。

3. 对外交流研讨。为更好地开展敏捷绩效管理工作,积极与国家行政学院人力资源管理专家进行交流学习,听取专家学者意见建议,对相关工作进行改进提升。

三、敏捷绩效管理的主要做法及特点

(一)高度聚焦,目标更加敏捷灵活

1. 明确战略,聚焦重点。敏捷绩效管理更加关注需要重点突破,具有创新性、关键性、时效性、协同性并需跨部门协调推进的综合性工作,在全面落实 KPI 的基础上,运用 OKR 工作法敏捷设定目标,以规范的流程使核心目标更突出,组织和个人年度和每季度最多设定 5 个关键目标,每个关键目标最多设定 5 个关键成果,并可以根据战略重点进行适时调整。

2. 目标对齐,公开透明。在聚焦主要目标的同时,每个人以组织战略目标为基础,自下而上设定个人有挑战性的目标,坚持目标的垂直、水平及与组织目标对齐,个人目标和关键成果在组织内部都是公开透明的,每人都以全方位、可视化的方式支撑着团队、组织,个人使命感和价值感不断提升。

(二)持续跟踪,沟通更加快速高效

建立敏捷绩效会议制度,不断强化过程管理和干部思想重视程度。通过每日例会、周例会、月例会、季度复盘会、攻坚计划会、攻坚评审会、协同沟通会等协同敏捷性会议,构建起 OKR 进度持续跟踪问效机制,在动态掌握和督促进度的同时,不断提升沟通的主动性和技巧、自律性和自驱力,以全过程的快速反馈沟通提升工作质效。

（三）协同发展，导向更加鲜明突出

敏捷绩效的实施将跨部门和跨层级的协同协作作为基本条件，把组织和个人更加紧密地联结在一起，坚持产出导向、贡献导向，实施过程中关注成果的实现，使个人既对自己的目标负责，也为组织做出贡献，关键结果并不直接用于考核，更加强调其充分释放协同配合的潜能，让组织内部协作更加直接和高效。

（四）数据驱动，分析更加精准有效

依托青岛市税务局打造的智慧绩效平台和数字人事平台，进行组织绩效和个人绩效的有机衔接，利用税收大数据，在敏捷目标设置、OKR 执行、绩效沟通反馈、绩效评价等各环节，发挥数据驱动、数据考评的优势，精准开展绩效分析。以减负和敏捷为原则，积极搭建信息化工作协同管理平台，更加突出价值理性与工具理性的融合。

四、实施敏捷绩效管理的具体应用及成效

莱西市税务局通过试点实施敏捷绩效管理，边探索、边完善、边改进、边提升，促进了其组织和税务干部个人的协同发展，取得了初步成效。下面，以 2019 年莱西市税务局确定的优化税收营商环境，提高税收宣传质效 OKR 项目为例，简要说明相关实施情况及取得的成效。

（一）目标确定

根据税务总局部署要求，结合青岛市税务局绩效考评指标、市委市政府重点工作任务，2019 年莱西市税务局确定的目标之一为"进一步优化税收营商环境，争取纳税人满意度位列系统前 2 名"。

该项目的主责部门是纳税服务科，纳税服务科根据工作实际，进行了关键因子的分解，通过鱼骨图将目标分为 6 个子目标，分别是纳税服务投诉、纳税人学堂、税收宣传培训、新媒体工作、舆情管理、诉求办理。通过对每个子目标进行细分，形成一个完整的鱼骨架构。然后对这 6 个关键

因子进行 OKR 的制定，从而将组织层的目标分解落实到部门和个人。

图 6-2　OKR 敏捷绩效目标项目鱼骨图

1. 纳税服务投诉子目标细分：实施办法、受理时限、反馈机制。

2. 纳税人学堂子目标细分：建立运作机制、了解培训需求、提高课件质量、优化师资力量。

3. 税收宣传培训子目标细分：宣传培训方案、税收普法教育、税收影视文化宣传、公益广告。

4. 新媒体工作子目标细分：新媒体作品、稿件报送质量、舆情风险。

5. 舆情管理子目标细分：领导小组、明确处置机制、核实反馈、协调处理。

6. 诉求办理子目标细分：响应反馈机制、流程和时限、调查处理。

（二）OKR 设置

纳税服务科根据确定的目标，以季度为周期设置部门 OKR，以第三季度为例。

表6-1　OKR敏捷绩效项目分解表

序号	目标（O）	关键结果（KR）	权重
1	加大宣传培训力度，减税降费政策应享尽享	"一对一"精准寻访小组完成对纳税人的"一对一滴灌式"精准辅导	40%
		成立"立体化"政策咨询团队实现精准答疑	30%
		"订单式"培训满意度达100%	30%
2	提升纳税服务便捷性、高效性	搭建全业务线上办税平台实现办税"零跑腿"	30%
		推出"发票网上申领，免费邮寄到家"服务	50%
		"钉钉"税企征纳沟通平台顺利运行	20%
3	强化协同合作，全方位优化服务质效	强化"互联网＋监管"，纳税信用增值效用显著提升	20%
		"银税互动"新平台投入使用	20%
		邮政"双代"工作全面落地	30%
		与青岛市税务局建立纳税服务常态化沟通机制	30%

（三）取得的成效

1. 纳税人满意度持续提升。在青岛市税务局组织的2019年纳税人满意度调查中，莱西市税务局又一次获得青岛税务系统综合排名第一的好成绩，顺利实现"三连冠"。

2. 纳税服务持续优化。税务登记时间缩短至15分钟以内，增值税一般纳税人、小规模纳税人税务注销一般流程办理时间分别压缩至10个工作日、5个工作日以内。推出发票邮寄业务，发票领购从"最多跑一次"到"一次也不跑"，节省了纳税人办税时间，降低了办税成本。扎实推动出口退（免）税无纸化试点，无纸化退（免）税覆盖率达到99.7%。电子税务局平稳运行，完善网络办税功能，实现税务机关和纳税人"双减负"。

3. 诉求办理质效不断提高。形成纳税人涉税诉求和意见快速反应机制。2019 年度，通过纳税咨询电话、面对面咨询的形式，共接到涉税咨询 1800 余条；接到纳税人涉税举报及意见建议共 50 余条，均在规定时间内及时完成答复，无一超期回复。

4. 服务地方经济社会高质量发展。在"敏捷精神"的引导下，莱西市税务局围绕青岛市委、市政府提出的"突破莱西攻势"，树立"平台思维"，主动顺应"互联网 + 监管"趋势，创新实施部分行业通过网络平台进行监管的税收监管模式，为企业营造了良好的税收营商环境，促进行业的良性发展循环。此项创新举措被评为莱西市改革创新一等奖。2019 年 9 月，国务院督查组现场督查调研时，对相关做法给予充分肯定。

第三篇

新时代绩效改进的路径

新时代，融入绩效新生态，就要树立新思维，关注新价值，建立新关系，运用新模式，确立新战略，获得新发展。

第七章 绩效改进与优化

绩效改进是实现绩效管理目标的重要环节，是真正体现绩效管理价值的关键。绩效改进就是"发现问题——分析原因——解决问题——优化管理"的过程。

第一节 如何进行绩效改进

绩效改进，是指绩效考核后，诊断分析组织绩效和个人绩效的问题和差距，查找原因，制定和实施有针对性的改进计划和策略，不断提高组织战略目标实现和优化的过程。

绩效改进，是一项涉及改进理念、制度、流程、组织保障、人员能力等要素的技术性、科学性和艺术性的综合性工作。绩效管理优化和改进要坚持政治性，要善于以未来为导向制定积极的前景规划，采取综合性的方式方法提升绩效管理，通过全员共同参与和协作来实现绩效改进和提升。

一、绩效改进的原则

（一）坚定政治性

定位决定使命和责任，始终把旗帜鲜明讲政治作为绩效管理优化与改进的生命线，把"看政治忠诚、看政治定力、看政治担当、看政治能力、看政治自律"作为政治标准，自觉对标对表工作实践上是否符合"紧紧围绕大局、时时聚焦大局、处处服务大局"的工作要求，是不是用可能达到的最高标准服务发展、服务决策、服务落实。自觉对标对表纪律作风上是否符合"走在前、作表率""坚持极端负责的工作作风"等要求。自觉对标对表责任担当上是否能在重大任务面前顶得上、扛得住，敢于负责、勇于担当、善于作为。

（二）坚持发展导向

科学的绩效改进优化方案不但对组织当前绩效有益，同时也对组织未来的发展有着深远的意义。目前，很多地方实行的政府绩效管理实际上是对以往目标考核的简单移植，将绩效管理视为上级对下级打分排名、评优罚劣的考核工具。这种做法容易导致被评估对象只关注每年的打分和排名，而忽略工作绩效的改进和提升，甚至割裂工作与考核之间的关系，使日常工作与年底考核出现"两张皮"现象。因此，绩效管理改进需要多角度进行绩效分析、设计、确定、实施、维护以及评估，逐步淡化"打分排名""评比评优"的色彩，让绩效管理成为诊断问题、发现问题和改进问题的工具。

（三）体现服务理念

政府绩效管理改进的主要目标，应体现政府服务的先进理念：是否有利于提升政府公信力，引导公民有效监督和评价政府；是否有利于政府提高执行力，有效完成各项任务；是否有利于提升政府效能，强化政府自身建设；是否有利于规范政府行为，保证行政权力运行的制度化、规范化、透明化等。通过绩效管理改进，营造良好的环境和氛围，推动政府管理和服务工作的持续改进和系统优化。

（四）坚持综合施策

绩效改进应致力于采取综合性的绩效提升方式或解决方案，尽量解决分析中出现的问题并避免导致这些问题产生的诸多主要因素。首先要研究分析问题产生的原因，综合施策消除导致问题产生的因素，才能够彻底解决问题。未考虑原因的绩效解决方案治标不治本，而根据原因确定问题所在才能根治问题。

（五）坚持协同合作

想要解决问题，绩效管理者以及其他组织成员的共同参与、支持和维护绩效提升方式十分重要。要通过开展可行性研究和建立可持续的框架来参与改进工作，使改进具有可持续性。可持续的绩效改进要求绩效管理者明确组织需求、支持分析、绩效提升方式以及跟踪评估。绩效提升方式的设计通常包含很多专业因素，如外部环境、动机和技能发展等。诸如组织流程、管理服务、组织人事等相关领域的专业人士，需要与绩效管理者进行良好合作，制定交流计划、绩效提升方式时间进度表以及跟踪策略，以便预期改进能够得以实现并持续发展。

二、绩效改进的方法

绩效改进主要有目标比较法、水平比较法和横向比较法等方法。

目标比较法是将考评期内组织和个人的实际工作表现与绩效计划的目标进行对比，分析绩效差距，查明产生的原因，制定并实施有针对性的改进计划和策略，不断提高竞争优势的过程。

水平比较法是将考评期内组织和个人的实际业绩与上一期的工作业绩进行比较，分析绩效差距，查明产生的原因，制定并实施有针对性的改进计划和策略，不断提高竞争优势的过程。

横向比较法是指在各单位、部门和人员间进行横向比较，分析绩效差距，查明产生的原因，制定并实施有针对性的改进计划和策略，不断提高竞争优势的过程。

有效的绩效改进必须立足于绩效结果，进行深度分析，挖掘问题根源，并找出最佳解决方案。

根据绩效结果，与工作人员进行绩效面谈就是要让每个人知道当前的绩效结果（是什么），导致结果的原因（为什么），如何改进（怎么做）。

绩效面谈重点包括以下内容：

一是分析自己目前的绩效结果和期望达成的绩效结果之间的差距；

二是分析自己与部门其他人员之间的绩效差距；

三是就当前的绩效结果进行探讨，找出导致个人绩效结果不佳的根本原因，指出有待发展和提高的方面；

四是分析为什么要改进，改进会导致什么样的有效结果，以此促进绩效改进行动；

五是明确改进的方法和实施方案。管理者要督促和帮助工作人员落实绩效改进计划，要对绩效改进的成效进行跟踪分析，让大家看见绩效改进带来的绩效优化，以激发绩效改进的信心。

第二节　绩效改进的流程

绩效改进的流程主要包括：绩效分析、绩效提升方式的选择和实施、优化管理。

一、绩效分析

绩效分析是通过进一步明确组织的绩效要求，并将这些要求与组织目标和能力相比较的过程。多角度诊断问题或机会，判断绩效驱动因素的有效性，根据所了解的情况制定解决方案。

1.绩效分析的目的。

绩效分析的目的是确定期望绩效或最佳绩效、绩效现状以及绩效现状与前者之间的绩效差距，是在组织、流程和个人方面改进绩效的事实基础，是整体绩效改进体系的根基。

在绩效分析过程中要坚持行动前做好准备来提高分析质量、利用多种资源、从各种渠道收集信息、采用系统化的分析方式和采用系统化的解决方案来保证绩效分析全面且有效地进行。

2. 确定绩效方向和驱动因素。

一是要确定绩效方向，明确组织及其领导者们试图实现的期望绩效和愿景。例如：使命、愿景、价值观、战略、目标，以及对绩效能否达到理想状态发挥至关重要作用的关键工作任务。

二是确定绩效驱动因素，也就是目前妨碍或推动绩效改进的因素，或未来可能产生问题的因素。例如：组织结构、制度、机制、工作项目、人员能力，以及来自内外环境且对绩效状态影响较大的社会因素。通过对绩效方向的分析，可以确定绩效改进工作项目；而通过对绩效驱动因素的分析，可以分析出组织和人员的努力方向。

3. 绩效分析重点。

绩效分析聚焦于以下四个方面：期望绩效水平、实际绩效水平、期望绩效水平与实际绩效水平之间的差距、绩效差距产生的原因。

绩效受到内外因素的影响，组织和环境对绩效及其员工都有着极其重大的影响。组织方向对确定期望绩效或最佳绩效的绩效标准有着深刻的影响，而环境驱动因素对实际绩效则发挥着不可忽视的作用。

二、绩效提升方式的选择和实施

（一）绩效提升方式的选择

绩效提升方式是指通过计划、选择和设计过程，解决绩效管理所遇到的问题或潜在的风险和挑战。

绩效提升方式的选择是为了成功应对某种绩效改进的问题、机会或挑战，识别并确定最佳的绩效提升方式的过程。

绩效提升方式的选择过程可分为初始阶段、调研阶段和选择阶段，确保任务便于管理。

　　绩效提升方式是通过团队协作的方式进行选择。绩效改进实施者与绩效提升的推动者，以及其他利益相关者形成团队，相互配合，为指定问题选出最有效、最可行的提升方式。

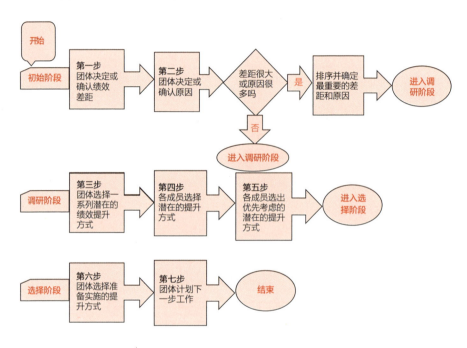

图 7-1　绩效提升方式选择流程图

（二）推动绩效提升的路径

　　1.加强教育培训，推动绩效提升。当组织成员的现有知识、技能或态度与工作要求出现偏差时，可以选择采取知识管理、学习管理等方式，加强教育和培训，从而达到绩效提升的效果。

　　2.加强信息化建设，推动绩效提升。绩效信息化具有整体性、直接性、个性化、互动性等诸多优点，能够有效提升组织绩效和个人绩效。

　　3.优化岗责体系，推动绩效提升。通过岗位分析、岗位描述和工作设计等方式，明确岗责体系，实现人岗相适、人岗匹配，从而推动绩效提升。

4.加强组织沟通，推动绩效提升。通过完善绩效沟通机制和绩效信息系统、建议系统、申诉系统、争端解决等方式，及时了解绩效管理过程中的问题，并给予有效回应和解决。

三、优化管理

在绩效改进过程中，优化管理贯穿于绩效改进工作的始终，是组织和个人主动筹划和适应变革的一个过程。就绩效改进而言，优化包括成员（知识、技能、能力、期望）、工作（工作流程、程序、责任、质效）、工作环境（组织、资源）及社会环境（文化、社会责任）的优化改革。

在绩效改进的过程中，应将改革创新融入绩效改进流程，管理优化的每个阶段都需要各级人员充分发挥自己的聪明才智并深刻理解组织文化，从而不断优化流程并调整成员工作思路。管理者也要清楚自己的职责，他们是对成功改革产生最大影响的人，同时也承担着最多的责任。

绩效改进的每个阶段都需要进行成效评估和持续改进，还需要整合战略、共同价值、制度完善和能力建设等工作。身为绩效改进实施者，需要对抵制因素保持警惕，并抓住积极变革的机遇。

在实施优化改革管理中，组织成员往往会因为变革而产生一些忧虑情绪，特别是在信息、人员、实施、影响、合作以及改良等阶段，需要充分了解组织成员忧虑期的具体表现，针对每个阶段不同的特点，采取相应的解决措施，争取协同发展。具体可分为5个阶段：

一是当成员想要了解改革工作积极和消极的详细信息时，需要对绩效改进的整体战略进行说明；

二是当成员对改革过程中存在的问题有疑问时，需要详细地解答告知；

三是当成员关注改革对个人产生的影响时，需要具体进行说明；

四是当成员因为改革希望掌握新的工作技能时，需要进行相应的培训；

五是当成员开始使用新的工作方法来适应改革时，要予以支持。

第三节　以标杆管理推进绩效改进

标杆管理是一个系统的、持续性的评估改进过程，是指寻找和研究业内外一流的组织，以此为标杆，将本组织的业务、流程、服务、管理等方面的实际情况与标杆进行评估和比较，并结合自身实际，通过创造性的学习与借鉴标杆经验，从而赶超一流组织或创造高绩效的方法。

标杆管理是一种有目的、有目标的学习和改进的过程，它的基本思想是系统优化、不断完善和持续改进，是支持组织不断改进和获得发展优势的最重要的管理方式之一。

运用标杆管理进行政府绩效改进的流程环环相扣、依次递进，绩效改进的循环是在学习借鉴前次评估基础上的螺旋式上升的过程。标杆管理的具体实施内容因组织而异，实施中要注重实施的可操作性。根据政府组织的特点，政府部门标杆管理实施步骤大致如下：

1. 确定学习的内容、学习的对象和改进的目标。

政府部门实施标杆管理，首先要确定学习的内容（标杆项目）和学习的对象（标杆组织），并确定实施标杆管理需要达到什么样的目标（标杆目标）。一是依据所确定的改进项目的具体目标和绩效指标来选择评估标杆，实地考察并搜集标杆数据；二是处理、加工标杆数据并进行分析；三是与组织自身同组数据进行比较，进一步确立组织自身应该改进的地方。

确定评估标杆时要注意：一是作为标杆的政府相对改进项目必须具有卓越的业绩和政绩，是具有突出的被公认的业绩的地方政府；二是该政府部门与期待引入标杆的政府部门应具有相似性，使标杆的选择具有可比性和实践可操作性，避免因为差距过大而丧失实践价值。

2. 构建改进指标体系。

选择好评估标杆后，关键是要把标杆的最佳绩效指标列出来作为参照系。可以通过将自身的指标现状一一对照标杆的指标，从中找出彼此的差距，为绩效评估活动的开展提供一个明晰的绩效状况，从而参照标杆指标体系，制定适合自己发展的绩效考核制度来提升绩效，推进高质量发展。

3. 制定实现目标的具体计划与策略。

这是实施标杆管理的关键。一方面，要创造一种环境，使组织中的人员能够自觉和自愿地进行学习和变革，以实现组织的目标。另一方面，要创建一系列有效的计划和行动，通过实践赶上并超过比较目标，这是打造组织核心竞争力的关键所在。因为标杆本身并不能解决组织存在的问题，组织必须根据这些具体的计划采取切实的行动，实现既定的目标。

4. 比较与系统学习。

将本组织指标与标杆指标进行全面比较找出差距，分析差距产生的原因，然后提出缩小差距的具体行动计划与方案。在实施计划之前，让工作人员参与具体行动计划的制定。只有这样，才能最终保证计划的切实实施。而且标杆管理往往会涉及业务流程再造，需要改变一些人惯有的行为方式，甚至涉及个人的利益。因此，组织一方面要解除思想上的阻力，一方面要创建一组最佳的实践和实现方法，以赶上并超过标杆对象。

5. 持续创新和改进。

实施标杆管理是一个长期的渐进过程。在每一轮学习完成时，都需要重新检查和审视对标杆研究的假设和标杆管理的目标，以不断提升实施效果。标杆管理只有起点没有终点，政府部门应当在持续学习中不断把握机遇与提升优势，针对其他政府部门发展状况来确定新的标杆为奋斗目标，实现新的一轮标杆管理，在实践中实现政府绩效的持续优化，从而保证政府改革与发展的长期性和战略性。

青岛市政府"学深圳、赶深圳"标杆管理实践

一、"学深圳、赶深圳"，青岛锚定高质量发展的新目标

山东省委相关领导在 2019 年省两会参加青岛代表团审议时，围绕贯彻落实习近平总书记对青岛提出的重要指示精神，进一步明确了"深化拓展'莱西经验'""办好一次会，搞活一座城""更加注重经略海洋""推动军民融合深度发展""不能要带血的 GDP""扎实抓好干部队伍建设"等六个方面的要求。

新的使命任务，决定了青岛必须在国家重大区域战略的格局下审视自己，必须在更高的平台上整合资源，必须以更大作为打造长江以北地区国家纵深开放新的重要战略支点、打造山东面向世界开放发展的桥头堡。

而"学深圳、赶深圳"，就是这座城市给出的响亮回答。"我们贯彻落实习近平总书记重要指示，最好的标杆和榜样就是深圳。"山东省委常委、市委书记王清宪说。

与最优者"对标"，与最强者"比拼"，与最快者"赛跑"。"学深圳、赶深圳"成为青岛新一轮发展征程上的路标，成为加速新旧动能转换、破解发展难局的"钥匙"，更成为振奋发展精神、塑造城市气质的"宣言书"……

在春节后举行的市委十二届五次全会上，青岛明确提出城市对标方向："学深圳、赶深圳"；

3月25日，青岛市党政考察团一行30余人马不停蹄奔赴深圳考察学习、招商推介，通过进现场、进企业、进大厅，学先进、取真经、促发展，在南国之滨掀起"青岛旋风"；

随后的一个月内，青岛各部门、各区市，深入学习深圳的营商环境、制度创新、政务服务，结合各自发展特点和实际与深圳全面对标，拿出了

切实行动；

5月23日，青岛市首批体悟实训干部在深圳开班，150名青岛干部开始在深圳进行持续100天左右的学习和实训。根据计划，这样的行动每年都将分2—3个批次进行，全方位、大批量、持续地选派干部赴深圳体悟实训将成常态；

……

节奏超强、环环相扣。从决策层，到每一个市民，跟最好的比、向最好的学，自我加压、自我鞭策，"学深圳、赶深圳"，在青岛迅速形成了激越昂扬的发展氛围，城市的棋局陡然一新。

学赶深圳先"学深圳人、赶深圳人"

事业的核心是人，经验都是由人创造的。"学深圳、赶深圳"，青岛将突破口放在"学深圳人、赶深圳人""学深圳的干部、赶深圳的干部""学深圳的企业家、赶深圳的企业家"上。

学什么？"深圳最大的优势，就是深圳人思想解放、理念超前。""'时间就是金钱，效率就是生命'，40多年前深圳人喊出的这句口号，至今仍对我们冲破发展中的各种禁忌阻力具有指导意义。"

"深圳气势宏大的魄力胆识、面向世界的开放视野，尤其是深圳人始终保持强烈的紧迫感、危机感，在干事创业上敢闯敢试、争创一流的进取精神。"

"开局就是决战、起步就是冲刺的劲头令人鼓舞。"

"旗帜鲜明把走在最前列、勇当尖兵作为不懈追求。以更高的标准，坚持对标最高最好最优。"

深圳的企业家更是大胸襟、大气魄，抢占了一个又一个行业制高点，创造了一个又一个发展奇迹。

……

如果能将深圳人身上这些宝贵的特质学到手，入脑入心，无疑将为青岛经济发展注入强大动能。

怎么学？"纸上得来终觉浅，绝知此事要躬行。"简单拿来，或者走马观花，显然无法真正"读懂"深圳人。5月23日，青岛市首批体悟实训干部在深圳开班，150名青岛干部将在深圳进行持续100天左右的学习和实训，身临其境去感受，去体悟，感性地、深入地学习深圳人市场化的做法，学习他们如何用体制机制保障法治化，用心体悟什么是专业化和开放型的意识和思维，用心体会企业需要什么样的政府，政府应该如何为企业服务。

"我们每年接待几百个培训班，青岛干部给我的感受很不一样。从他们身上，我看到了青岛人对改变青岛、发展青岛的热切期盼，相信青岛会越来越好。"青岛支持实体经济高质量发展专题培训班承办方深投教育集团法律培训中心主任吴东萍说。

"深圳是改革开放的最前沿，诞生了很多宝贵经验、很多好的企业，通过学习感觉收获很多，我对未来的学习实训生活充满了期盼。"体悟实训学员张勇说，深圳很多市场化、法治化的改革是需要制度设计的，其中包含很多需要深入研究和思考的内容。

接下来的时间里，青岛干部将用心体悟深圳改革发展的生动实践，用情传递"学深圳、赶深圳"的虚心和诚心，用力推进"双招双引"工作，真正让市场化、法治化、专业化、开放型的意识和能力渗透到青岛人的血液中去。

在"走出去"的同时，青岛还着力实施"引进来"，积极主动争取深圳的干部来青岛挂职，邀请有关领导同志、各行各业的专家来青岛授课，面对面传授经验。

在5月26日举行的青岛市"高端制造业＋人工智能"攻势作战方案答辩会上，华为技术有限公司产业发展副总裁燕兴坐在台上，成为4位"副答辩人"之一，为青岛制造业发展出谋划策。这位青岛的客人，在此时成为青岛的主人。

人的思想活跃起来了，城市也就搞活了。青岛以"关键少数"的学习成效引领全市党员干部提升境界，带动整个城市提振精气神，自我激励、自我加压、自我鞭策。

市场化深入人心，着力破解发展之困

深圳发展的成功经验有很多，其中最根本的一条，就是市场化，认识市场、尊重市场、利用市场，从政府到企业，都始终坚持深化市场化改革、扩大高水平开放不动摇不停步。"学深圳、赶深圳"，最重要的就是要学习深圳的市场化改革。在当下的青岛，市场化已经成为一个最时尚和出现频次最高的"热词"。

前不久，市商务局"市场配置促进处"挂牌，其主要职能清晰明确：研究拟订商务领域通过市场机制配置资源的政策措施，深化市场体制改革，完善现代市场体系，发挥市场在资源配置中的决定性作用。在全市层面上，发改、工信、财政、国资、交通运输等16个与市场关联度高的产业部门全部挂牌专门设立了"市场配置促进处"。这一创新改革在全国属首创。

市编办主任梁滨说，这一改革的初衷是要着力破除体制机制障碍，进一步厘清政府与市场的职责边界：凡是市场能干的一律交给市场，在社会保障等基本民生保障领域则需要政府更好地发挥作用。"目标就是将青岛打造成市场化运作的新高地。"

"改革后，国资委由管企业转向管资本，由行政手段转向市场化方式，不干预企业的日常生产经营，而是运用经济规律来配置国有资本，以市场化手段提高资本的配置效率。我们将更多地运用市场手段，推动企业更好地与市场接轨，更好地整合市场资源，提升企业创新发展的能力和市场竞争力。"市国资委市场配置促进和资本运营处处长崔竹说。

在已经发起的15个攻势中，无一例外地将市场化作为"攻坚利器"。"运用市场化手段统筹社会化、专业化招商，这一招至关重要。"青岛市商务局局长赵士玉说，在制定"双招双引"攻势作战方案过程中坚持"五个突出"，其中之一就是突出市场化改革。也就是要充分发挥市场在资源配置中的决定性作用，按照市场规律办事，坚持竞争中性原则，促进招商要素、招引工作的市场化，更多运用市场的办法、经济的手段整合全球资源。资金瓶颈是轨道交通可持续发展的一个难点、痛点和堵点，突破这一瓶颈，市场化是最有效的手段。"我们将强化轨道交通 TOD（以公共交通为导向的开发）发展理念，充分发挥政府资金的引导作用，通过 PPP、成本规制等各种模式推进项目建设，同时通过银团贷款、企业债、中期票据等多种途径筹措项目建设资金，充分发挥市场的力量来推动轨道交通的发展。"市地铁办主任贾福宁说。

深圳能成为创新之城，资本的力量不可或缺，其中一条就是用国有资本为创新型企业发展提供资本驱动的机制。在 5 月 9 日举行的 2019 全球（青岛）创投风投大会上，青岛设立总规模 500 亿元的科创母基金，为创投风投机构和创业者提供强大资金支持。与以往不同的是，这只母基金选择行业内优秀基金管理人作为管理机构，采用市场化方式运作，"让专业的人干专业的事"。对此，与会的国开金融副总裁、国创开元母基金总裁邓爽颇为欣赏："我听到了明显的市场化信号，我相信这是做好这件事情最重要的一点。"

市场化终究需要人去推动。青岛正大刀阔斧地冲破行政化禁锢，切实提高干部认识市场、利用市场、尊重市场的意识和能力。"我们将大力选拔使用市场化、法治化、专业化、开放型的干部，坚决打破机关与企事业单位之间的壁垒，切实激活干部队伍的源头活力。"青岛市委组织部有关负责人说。

法治化提速前行，稳定预期坚定"青岛信心"

法治化是深圳经验的重要内涵，也是青岛学赶深圳的重点。

"改革需要敢闯敢试，但必须有规则意识，在改革的框架之内、规则之内、法律之内进行。"山东省委常委、市委书记王清宪明确要求。

制度也是生产力。5 月 11 日，青岛市法制办公布了《2019 年青岛市法治政府建设工作计划》，涵盖 9 个方面、43 项工作。目前，青岛正加强重点领域立法，制定燃气管理、海岸带规划管理、城市地下空间开发利用管理等方面的地方性法规，制定城镇职工生育保险、公共安全视频图像信息系统管理等方面的政府规章。

市场化似水，要让它奔腾流淌；法治化是渠，要让它保驾护航。经略海洋、乡村振兴、"一带一路"建设、中国—上海合作组织地方经贸合作示范区……在国家战略"加持"下的青岛，正在开启一轮又一轮前所未有之改革，及时跟上的制度建设保障了各项改革的系统性、整体性、协同性。

科学决策才能让城市航船不偏离航向。青岛进一步健全依法决策制度机制，做好市政府重大行政决策计划管理、目录筛选、工作指导及合法性审查相关工作，划定的红线是行政规范性文件不得违法限制或者剥夺公民、法人和其他组织合法权利，不得违法增加公民、法人和其他组织的义务。

将权力关进笼子，才能不越界。青岛强化对行政权力的制约和监督，实施以党内监督、人大监督、民主监督、司法监督、舆论监督为一体的全方位监督，不留死角，形成合力，威力巨大。

舆论环境也是发展环境。2019年以来，青岛主要新闻媒体成立舆论监督部门、开设舆论监督栏目，播发曝光报道。一个个切中时弊的质问，一次次直击痛点的探查，直冲营商环境和为民服务的问题而去，以良好的舆论环境，为企业营造风清气朗的成长空间。

营造让人"舒服"的营商环境

企业投资是投项目、投技术、投市场，但说到底，投的是信心。城市的竞争力很大程度上集中体现在营商环境上。深圳的营商环境已经走在全国最前列，青岛正在奋力追赶。"凡是深圳能做到的，青岛都要做到"，这是宣言，更是承诺。如今，这一承诺正在不断兑现。

在青岛，"一枚印章管审批"时代已经到来。6月3日上午9点，青岛信创建设有限公司员工李加琳来到市行政审批服务大厅，递交了建筑业企业资质变更申请，工作人员通过审批系统审核同意、后台打印、盖章制发。15分钟后，李加琳拿到了青岛第一张加盖"青岛市行政审批服务局"印章的审批证照。而之前办理相同的业务需要等待两个工作日。从两个工作日到15分钟，这是质的飞跃，带给企业的是极大的便利。

"一次办好"改革是优化营商环境、提升行政效率的重要途径。青岛围绕推进政务服务"一次办好"等11个方面，制定28条具体措施，首次提出以"一号、一门、一窗、一网、一次、一生"为主要内容的"一站式"

政务服务，共计对外发布 1885 项市级"一次办好"事项清单，52% 的事项能够全程网上办理，各区市 48% 的事项能够全程网上办理，基本实现"一次办好"事项全覆盖。

快，只是第一步。在学赶的过程中，青岛反复思索：深圳的政务服务生态到底好在哪里？当地的企业家说，跟深圳的官员打交道就是感到舒服，这就是政务服务生态的至高境界。为了营造"让人舒服"的营商环境，青岛不遗余力。

用心，才能让人感到舒服。办事时间无"断档"，办理事项无"空当"，优质服务无"阻挡"。自 6 月 10 日起，青岛将推行政务服务窗口"非工作时间政务服务"，即双休日服务、午间服务和延时服务。此举将解决"上班时间需请假办、休息时间办不了"等群众办事的难点痛点堵点问题，让办事群众拍手称快。

一滴水可以折射太阳的光辉，让人舒服的营商环境往往体现在细微之处。4 月初，青岛各级办事大厅、服务窗口在去年已在市级层面施行的基础上，全部推开提供打印、复印、传真免费服务。据测算，这项服务每年能为全市办事企业群众节省费用约 2100 万元。薄薄的一张纸，暖了人心。

为着力提升民营企业"舒服感"，青岛正在采取一系列创新举措：推进党政领导和部门与企业家常态化联系沟通机制，让政商关系自然而然、如鱼在水、如沐阳光、既"亲"又"清"；主动邀请民营企业、商协会代表参加党委、政府有关会议，充分征求民营企业意见建议，及时了解和协调解决发展中遇到的问题；建立民营企业参与相关决策制度，在制定做出涉及民营企业重大利益的政府规章、规范性文件和有关决策前，充分听取民营企业以及商协会意见。

青岛的努力赢得肯定与尊重。在近日举行的 2019 政府信息化大会上，青岛市"打破'数据壁垒'以信息共享支撑'一次办好'改革"的经验成果，荣获"2019 中国政府信息化管理创新奖"。

复旦大学联合国家信息中心数字中国研究院在近日举行的国际大数据产业博览会上发布了 2019 年"中国开放数林指数"，青岛排名全国第五，荣获"数开丛生"奖。

营商环境的不断改善，给城市竞争力加油添彩。国际管理咨询公司科尔尼近日发布《2019 全球城市指数报告》，揭晓了全球最具竞争力的城市和全球最具发展潜力的城市，青岛市位列全球最具发展潜力城市第 79 位，比 2018 年的第 89 位前移 10 个位次。

"学深圳、赶深圳"，是青岛站在新时代、新起点、关键节点上的一次对标、一次追赶。学赶的氛围有目共睹，学赶的成效正在到来。只要我们牢记习近平总书记的殷殷嘱托，贯彻落实好中央和省委的部署要求，提高站位、鼓舞斗志、振奋精神、担当作为，拿出实际行动真学、真赶，自我加压、开拓奋进，就一定能把青岛建设成为一个开放、现代、活力、时尚的国际大都市，就一定能将习近平总书记为我们擘画的美好蓝图变为现实！

（节选自沈俊霖《"学深圳、赶深圳"，青岛锚定高质量
发展的新目标》）

二、标杆管理案例分析

"学深圳、赶深圳"，是青岛市政府实施标杆管理的典型案例。

青岛与深圳都是沿海城市、计划单列市，在很多方面有相似的地方，深圳改革开放以来在制度创新、扩大开放等领域的实践，可以为青岛打造山东对外开放高地中的高地，提供可借鉴的宝贵经验。

青岛市学习深圳的主要目标包括：营商环境、制度创新、政务服务等方面的先进经验。

"学深圳、赶深圳"，是青岛面对如何加快新旧动能转换、推动高质量发展这道考题给出的解答思路。

"学深圳、赶深圳"，就是要放大坐标找不足、提高标准找差距，不准备赶，学就失去了意义。只有对标最好的，才能改变青岛的现状、实现更大的发展。

深圳是青岛的标杆和榜样。目前青岛各区市各部门已经着手与深圳全面对标，明确"凡是深圳能做到的，青岛都要做到"，在学习中缩小差距、补足短板，加快建设开放、现代、活力、时尚的国际大都市。

第八章 绩效管理生态系统

在认识和解决绩效管理有关问题时，从管理生态学角度来研究解决问题，将绩效管理生态系统视为一个有机整体，将组织与管理环境之间的关系当作一个管理生态系统，在这一有机整体中，各个要素是相互联系和相互作用的，这就是管理生态学的方法。管理生态学的方法具有从绝对走向相对、从单义性走向多义性、从线性研究走向非线性研究、从确定性研究走向不确定性研究、从分析方法走向系统方法、从定域性走向非定域性、从时空分离走向时空统一的特点。

第一节 绩效管理生态系统的核心价值

新时代，绩效管理的发展具有以下趋势：一是从目标导向、结果导向到战略目标、过程管理、结果导向并重；二是从战略性考核评估到发展导向；三是从内部闭环评价到内外全方位系统评价。因此，构建绩效管理生态系统是当前绩效管理的发展趋势和研究前沿。

用生态系统的理论和研究方法对绩效管理生态系统进行建构和研究，不仅有利于绩效管理的制度完善和机制优化，还能够提升政府部门的整体绩效水平。

一、管理生态系统的理论发展

（一）管理生态学的起源

英国动物生态学家埃尔顿于1927年首次提出"食物链"一词。在管理生态系统中，同样存在着管理生态链，所有的因素都和其他的因素之间构成了密切的生态有机的联系，在高度信息化的社会，没有任何资源（包括技术）是任何组织可以独享的，任何组织都处于巨大的关系结构之中，组织、供应商、消费者、竞争者、中介机构相互依赖，结成一个生态系统。这种联系就和生物学上的生物链是一样的，是对生物学上"食物链"方法的一种借鉴和模拟。生态系统、生态平衡和生物链的生态学原理与管理生态学上的管理系统、管理平衡和管理生态链的管理生态学原理具有内在的统一性，这些内在的统一性就构成了管理生态学的思想来源。

（二）管理生态学的发展

管理学的发展大致经历了三个阶段：科学管理阶段、行为科学阶段和"管理丛林"阶段。管理思想的彻底变革需要的是一种管理范式的根本转变，管理生态学的建构顺应了管理学发展的生态化趋势，这种新规范会对思想、概念和价值观产生新的根本的改变。管理生态学的管理范式是在权变管理范式和群体生态范式的基础上形成的，它既吸取了包括权变管理范式和群体生态范式在内的所有管理范式的成果，又克服了它们的不足，并实现了管理思想史上管理范式的又一场变革，因而是目前较为科学的一种管理范式。

管理生态学的管理新范式就是将组织和管理环境看作是一个有机统一体的管理范式。管理生态学的管理新范式和系统管理范式一样，认为管理活动是一种系统工程，必须使这一系统工程能够和谐进行。管理生态学的管理新范式也和权变管理范式一样，认为管理必须随着管理环境的不断变化而不断调整。

（三）管理生态学的研究方向

成功的管理理论不仅能够解决组织在日益变化的管理环境中的生存与发展问题，而且能够解决组织内各分支系统之间的相互关系中的问题，进而概括出一幅诸变化因素相互作用、有机统一的管理生态模式图。

管理生态学的管理新范式是一种全新的理论，具有自己独特的特点和研究方向：

一是组织是一个动态的、开放的、有序的生命系统；

二是组织是一个和管理环境密切相联系的、和谐的、有机的生命体，新的科学的管理范式必须提出更加广泛的现实管理内容；

三是研究方向必须是适应新时代要求而提出的管理学发展思路与模式；

四是研究方向是能使管理系统达到协调一致，能够使组织环境、组织、组织内部结构协调发展的一个有机的统一整体。

研究和应用管理生态学时，必须注意以下三点：

一是生态学是指研究生物与其环境之间的相互关系的学科，管理生态学的"生态"两字，只能作为生物学上生态的拟比词，不能视为毫无差别的同义词；

二是管理生态学要求注意可能影响管理的环境因素，但决不可矫枉过正，陷入环境决定主义的谬误；

三是影响管理环境的因素极其繁多，而且会随着时代发展的变化而变化，所以在研究和实践时应突出重点影响因素并进行及时动态调整。

二、绩效管理生态系统的概念

自然界中的生物个体存在的方式是通过彼此间的交流来获取物质能量，任何个体都无法脱离这个整体而独立生存，这就构成了内外部相互作用的生态系统。

英国生态学家坦斯利于1935年提出生态系统的概念，指的是在一定的空间范围内，生物与非生物成分通过物质能量依存与作用组成的功能单位，它把生物及其非生物环境视为统一的整体。这个系统强调的是统一整体在开放的状态下达到动态的平衡，具有输入输出物质能量的特征，并且生物体在系统内产生作用。任何时间或空间生态系统都无法保持静止停滞的状态，它必须能动地适应环境以突破限制因素的制约。

对于绩效管理生态系统的研究，主要是将其作为人力资源管理生态系统的子系统进行说明的。人力资源管理生态系统的概念已成共识，多数学者将它视为由社会经济发展、政治、法制、教育、科技和人文环境相互影响而集成的生态系统，并且相关研究围绕着如何建立有序的内外部环境关系，以保持物质能量信息流的传递。

通过以上分析，可以这样认为：政府绩效管理生态系统是政府部门的绩效管理系统与政治、经济等社会环境共同组成的关系—协同—信息系统。政府部门作为系统中的核心，在系统中形成彼此联系与相互作用的群体，以保持整个系统的自组织和可持续发展状态。这个系统涵盖了政治导向、经济发展、文化环境、技术手段、资源保障、管理制度等多方因素。将这样的系统从政府层面、部门层面、个人层面进行协同交流和信息沟通，建立内部相互依存、外部协同融合来促进自身高质量发展的开放的整体系统。

三、绩效管理生态系统的特征

生态系统管理是有明确和可持续的目标加以驱动的管理活动，由政策、制度和实践活动保障实施。政府部门绩效管理生态系统由多个内外部门有机结合成一个系统，具有发展性、复杂性、开放性、动态性特征，其发展必然是一个动态的逐渐成熟的过程。

绩效管理生态系统主要有以下四个明显特征：

1. 发展性。生态系统是一定环境条件下的产物，当外部环境发生了改变，生物个体为了适应环境的变化，自身也将发生改变，甚至会改变自身的基因来适应新环境。绩效管理系统的改进，一方面会根据内部各方面因

121

素的调整而优化；另一方面也会随着外部环境的变化而调整变化，这样旧的稳定状态将被打破，生态系统通过进化和发展来形成新的稳定状态。

2.复杂性。生态系统包括生物因素与非生物因素，它们之间存在紧密的关系，并且相互作用构成完整的生态系统。绩效管理生态系统受到内外诸多因素的影响，并且与社会环境的关系紧密，内部关系极其复杂。

3.开放性。生态系统通过持续与外界进行物质、能量和信息的交换保持运转有序。政府绩效管理生态系统具有不明确的边界界限，不能准确地被描绘出来，政府部门要做的是确定与自身发展关系最为密切的目标，集中优势资源促进高质量发展。

4.动态性。在自然界中，生态系统具有在复杂的时空梯度连续变化的状态。它的功能包括输入、输出、物质和能量流动以及生物的作用，但在特定区域它的功能总是被周围系统影响着，在不同时间与空间上进行生态过程。绩效管理通过绩效考评得到结果后系统并非是静止不变的，在结果信息反馈之后还需要对整个管理系统进行优化改进，使得它能更准确地作出绩效的评价，促使管理能够适应环境的变化，更好地达成绩效的提升。绩效管理生态系统的动态性保证了整个系统能够持续性地发展，所以系统相应的管理体制需要适应这种动态发展，持续优化调整管理的策略和方法。

第二节　绩效管理生态系统的结构

从政府绩效管理的相关性和紧密度考量，可以将政府绩效管理生态系统分为三个层次，即中心环、内环、外环。中心环为政府部门的管理和服务功能，有利于强调其自身特性及社会特性；内环为绩效管理的流程，是传统成熟的绩效管理系统运转过程；外环为大环境因素，包括社会政治、经济、科技发展、文化等环境因素，用以突出在日常政府绩效管理中容易忽视的关键影响因素。因为生态系统的开放性，各个环之间存在着协同需求和信息交流的通道。

一、内部环境——政府绩效管理生态系统的中心环

政府绩效是整个绩效管理生态系统的考核对象，将政府部门置于中心环的位置，是为了强调政府本身的特性和社会特性对于绩效结果的影响。政府部门在整个系统运行过程中，需要战略执行能力，即通过发挥自身现有的管理和服务功能实现绩效管理过程；还需要发展能力，即通过治理能力的提升来适应绩效管理过程中出现的新情况。

一是政府部门需要接触到复杂的外部环境，政府公务人员本身采用何种方式以适应环境将会影响绩效结果。

二是政府部门应通过各种制度措施促使公务人员具有良好的自我管理能力，通过发挥工作能力以完成工作绩效。

三是公务人员围绕着政府战略目标展开工作，通行的结果导向的考评会使公务人员具有较强的约束和自我成就驱动，通过努力工作来提升组织绩效和个人绩效。

四是公务人员的沟通能力及灵活应变力都会对绩效产生影响，并且在管理和服务工作中，公务人员还对绩效信息的收集、制度执行的状况、团队协作的情况负有直接责任。公务人员需要识别和量化社会公众的现有和潜在需求，将这些信息及时反馈到政府部门。因为公务人员绩效管理生态系统是动态平衡的，在它不断运转以适应变化的状况下，对公务人员的能力有更高的要求。

二、绩效管理自运行环境——政府绩效管理生态系统的内环

政府绩效管理生态系统的内环由绩效管理的流程环节构成，这个环节能够有效地对过程实施控制。随着内外环境不确定程度的加深，为了加强这个循环的应变能力，它不但从外部获取信息，而且因外部环境的影响不断调整自身以适应变化。这和闭环的绩效管理系统无法与外部协同发展和交换信息是不同的，这个开放式系统可以看作是具有生命的不断变化的系统。

在整个 PDCA 循环中，政府部门的角色既是战略制定者又是实施者，

要实现推进治理效能和自我改进优化的良性循环，以使中心环和内环相互作用。

三、外部环境——政府绩效管理生态系统的外环

政府绩效管理生态系统的外环是系统运行的外部环境，对系统的可持续发展具有约束作用。随着时代的发展，外部大环境的变化日益加剧，社会诸多因素的影响和需求越来越复杂多变，能否适应这种变化，深刻影响着政府绩效管理水平。

正因为政府部门的职能与大环境中的诸多因素相互联系和作用，所以政府绩效管理的运行情况也随之变化。这种变化的状态和程度能否及时地反馈到系统中来，将决定着绩效管理的进一步走向。政府部门要积极主动去识别能够影响绩效水平的因素，并且充分利用有利的因素，避免不利的因素。

外环中的大环境主要是指政治、经济、文化、科技发展等社会环境，它们之间并非独立作用，更多的情况是相互影响，通过物质能量信息的交流使系统保持一种动态的平衡。

政府部门的绩效管理应能够充分考虑外部大环境对于政府绩效水平的综合作用，合理地通过环境中的物质能量信息流获取发展的资源。

第三节　影响绩效管理生态系统的因素

分析政府绩效管理生态系统的影响因素具有重要的意义，其最基本的目的是为绩效管理提供可靠的信息支持，为准确衡量绩效和提升绩效提供基础。本节从政府的内部环境、绩效管理、外部环境三个方面着手分析政府绩效管理生态系统的影响因素。

一、政府内部环境因素

政府的内部环境是指政府为了达成战略目标，通过多种措施推动高质

量发展形成的氛围。它包括发展战略、领导意识、价值认同、制度机制等方面。

一是发展战略。政府部门能够根据党中央、国务院的部署要求和职能目标制定发展战略，并且能够在战略指导下，通过绩效管理推动目标任务的落实。

二是领导意识。政府领导者能够站在战略高度上谋划发展的方式，构建推行战略导向的绩效管理生态系统，能够使绩效管理活动与组织战略保持动态的协调。

三是价值认同。一方面，政府部门在管理过程中形成的价值观，将内化成政府部门和工作人员的理念，并外化成日常行为。良好的绩效文化也会给绩效管理带来一种追求卓越的良好风气，容易激发工作人员的潜能，对个人的绩效行为将产生持久的激励作用。所以绩效管理生态系统是否符合政府的文化要求将影响系统运行状态。另一方面，工作人员的态度直接决定了个人绩效评价参与度，正确积极的态度会对整个绩效评价的执行产生深远影响。态度包括了管理者的态度与公务人员的态度两个方面。管理者对绩效管理的工作是否重视，决定其为绩效管理提供多少资源，这将影响绩效管理生态系统的运行效果。若管理者对绩效管理工作越重视，提供的支持就越大，那么绩效管理过程中受到阻力就越小。而公务人员的态度则决定了自身对于绩效管理的配合程度。他们认同政府的绩效管理生态系统，主动参与度就会提高。相反，则易出现不配合甚至是阻碍评价的情况。

四是制度机制。政府各级部门在进行绩效管理时的制度体系，通过流程和机制的科学性和规范性能够有效地执行绩效考评。设计完善的绩效管理制度和机制在执行时出现难以真实反映现状的情况，可能是因为流程的不规范使得之前制定的各种考核指标失真，因而评价结果也变得不可靠，而合理的业务流程就有利于避免这种状况，将绩效管理流程的规范性作为衡量的标准，以绩效为导向，可以为建立绩效管理生态系统创造良好的内部环境。

二、绩效管理因素

绩效管理应充分利用内外部信息资源来保证管理和服务的针对性、有效性。重点从绩效指标、考评方式、考核结果运用、评价对象特征、考评者特征来分析对绩效管理生态系统运行的影响。

一是绩效指标。绩效指标的设置需要从内外部复杂的指标中选择能够真实和最大程度反映工作成效的指标，因为具有针对性的指标能够激励工作人员产生更高的绩效表现，充分获取和利用各类信息源。

二是考评方式。考评方式是否适用于政府部门实际情况对绩效管理质效具有影响作用，现行的评价方式包括 KPI、BSC、MBO、OKR 等，这些不同的评价方式侧重点是不同的，只有选择合适的方式才能最有效地进行绩效管理。

三是考核结果运用。考核结果的及时应用，能够将结果准确反馈给被考评者，当被考评者对于评估结果不满意时可进行相应申诉，这样绩效管理生态系统的信息才是流转的，而且考评的结果能否与奖惩与晋升制度挂钩，权责界定是否明确，都将影响工作人员对于绩效评价的看法。

四是评价对象特征。进行绩效评价时，需要把握评价对象的特征。掌握考评信息越丰富，绩效评价就越准确。对任何行为不能孤立地进行评价，任何行为的发生必定有前因后果，了解人员的工作性质、工作内容、素质能力信息将有助于作出准确的判断。

五是考评者特征。绩效考核的执行会因为授权的不当而影响考评的结果，所以考评者对于绩效评价也有影响。将考评的权力授予不适合的考评者，致使考评者无法了解被考评者的工作状况，被考评者不能了解考评者的意图，责任的划分也不清晰时，被考评者为了考评结果可能会做出不当的工作行为。

三、外部环境因素

外部环境是指政府部门与外界进行互动沟通时所处的环境，是绩效管理所处的较大范围的外部社会环境。它是动态和复杂的，主要包括政治环境、经济环境、科技发展环境等方面。

一是政治环境。是指政府部门依法行政的外部政治形势、国家方针政策及其变化，包括国内外政局形势，党和政府的方针、政策等影响因素。政治是第一位的，政府部门应按照党中央的部署要求，密切关注政治环境，联系工作实际，不忘初心、牢记使命，履职尽责、勇于担当，自觉遵守制度、严格执行制度、坚决维护制度，着力提高制度执行力，在国家治理现代化中积极展现新作为。

二是经济环境。是指政府部门依法行政的外部社会经济条件，包括经济发展水平、经济体制、地区和行业发展状况、产业结构、资源、消费者的收入水平、消费者支出模式和消费结构、消费者储蓄和信贷、城市化程度等多种因素。它对于政府部门的绩效影响主要是通过社会经济条件及其运行状况和发展趋势发挥作用的。

三是科技发展环境。科学技术作为人的一类社会活动，和其他类型的社会活动，如经济活动、政治活动、军事活动、教育活动、思想文化活动，无不存在着互动关系。科学技术与社会的互动，从总体上看是一种双向作用。一方面，科学技术对其他社会活动产生的影响作用被称为科学技术的社会功能。另一方面，其他社会活动对科学技术具有制约作用，这类作用构成科学技术发展的社会条件。

实践案例分析

绩效管理生态系统的实践经验

一、听证，让绩效监督提前落地

上海市闵行区的40所中小学校都试用"电子书包"。"电子书包"进校园，学生既可以轻装上阵，又能学到更多知识。但长期使用，会造成学生沉溺于网络，还会影响视力。一系列让众多学生家长争论不休的问题，也出现在了今年的闵行区两会提交的预算报告中。会上，代表们热议不休：这钱该不该投？用得怎样？会后，由区人大代表组成的预算监督小组将对此继续跟进、监督。

可见，财政预算与人大监督密不可分，绩效管理是贯穿始终的主线之一，"闵行账本"是明明白白的。

投入有效与否得听证

"财政部门有很好的预算管理基础，让我们可以更好地推进预算监督。"说这话的是闵行区人大预工委丁萍主任。2008年12月，闵行区人大常委会在全国首次举行预算项目初审听证会，开了将预算作为听证的先河。

2013年，闵行区人大修订形成《闵行区人民代表大会常务委员会听证办法》，对听证参与人、陈述人和旁听人的条件和产生方法、听证程序、听证结果应用等内容做了进一步规定。多年来，闵行区人大不断深化和完善预算听证，实现了从一般预算项目听证到政府实事项目听证、从项目预算听证到部门预算听证、从预算初审听证到预算绩效听证、从政府实事项目听证到政府投资项目听证4方面的突破。如今，听证会已经是该区人大绩效监督管理的重要环节，其内涵还被不断赋予新意。

每年10月到11月间，由区财政局主持的下一年度区级项目预算绩效事前评估会议要开3天。此后，区人大常委会将会从这些评估项目中选择资金量较大、与民生密切相关、评估争议较大的项目作为重点项目开展预算听证，直到通过了听证会，才能正式写入预算报告，提交人大代表审查。经过多年的探索与实践，听证项目的选择由一般公共预算项目延伸到了重点政府投资项目，范围由区级部门项目拓展到街道项目。而听证的重点已经由钱该不该花逐渐转到花得是否有效。

江川社区是上海市的老工业基地之一，按当时配置能力建造的社区设施如今已经陈旧，加上占20%以上的老龄化人口，积攒问题很多。如何确保该老旧小区的"适老宜居建设项目"预算安排科学合理？区里决定召开听证会集思广益。会上，江川路街道办事处作为预算项目提出单位作了项目陈述，区民政局作为项目主管部门作了项目补充陈述，街道社区保障办作为预算管理部门对项目的预算情况作了补充陈述。同时，其他街道代表也旁听了会议。听证会围绕社区存在问题反复研究、争论，最终得出的"共识"基本令各方满意。会议认为，"适老宜居建设项目"在符合江川地区老年人的需求，为提高区域内老年人的生活质量方面能起到积极效果，贯彻了优先解决"老小旧远"民生问题的发展理念。同时建议，街道在规划设计时出于提高管理针对性的考虑，将该项工作分为前期、建设、运营3个部分。2020年，该项目的主体内容和资金用途为工程建设部分，后续运营、服务效果还有待进一步明确。会后，听证人再围绕该区适老宜居片区建设项目的预算，从后续运营、预算明细以及项目绩效等方面进行了评议。

最终，项目听证结果报告经区人大常委会主任会议讨论过后函送区政府参考。可以说此次听证会的效果达到了预期，具有可复制性。随后区人大常委会把街道项目预算听证延伸推广到辖区内其他街道管理中。

2019年10月9日，闵行区人大常委会对"推进生活垃圾全程分类管理"项目举行了绩效听证会。有9位人大代表、社会公众代表作为公众陈述人被邀请参加了听证会，有近百名区镇人大代表和社会公众代表作为旁听人参加了会议，上海市相关管理部门和市公共绩效评价行业协会负责人作为专家陈述人受邀参加了听证会。

听证会认为，闵行区从2019年上半年全市排名第九至9月份跃居第三名，居民区合格率97.5%，总评分是92.2分，高于市平均分1.3分，总体工作成效明显。

问题是听证的焦点：生活垃圾全程分类管理推进工作涉及设施设备建设、运行管理、宣传等各方面，市区镇三级财政投入资金总量较大，涉及科目众多，而2019年垃圾分类源头动员引导预算项目资金1104.9413万元仅占其中的一小部分。因此，该项工作绩效与项目资金难以匹配。

建议是听证的重点：在宣传、培训和表彰上要进一步加大力度；及时制定和出台有关配套政策和制度；加强人员队伍建设；完善设施设备；提高预算编制的科学性和准确性。

投入有效与否需过"满意度关"

2019 年初，闵行区人大相关人员听取了部门关于垃圾处理项目的汇报。

与会者需要结合"基础信息表""评价（听证）结果应用情况汇总表"等材料和自己对项目的了解做出评价，填写一份《综合评价表》。该表从项目投入管理、全过程预算绩效管理和预算项目听证 3 个维度对重点项目进行满意度评价，其中包括五项评价指标，评价结果从 50 ~ 90 分共 5 档。接着，预算联网监督系统后台将即时汇总所有分数，根据各项指标权重得出最终评价结果，并当场公布。

经评价，生活垃圾分类推进项目预算绩效管理满意度得分为 89.41 分，为基本满意。据此，人大提出要持续推进生活垃圾分类工作。建议区政府持续跟踪生活垃圾分类推进项目预算绩效管理情况，重点关注项目绩效听证结果运用情况，以绩效听证意见落实推动部门新一轮工作开展；重点关注项目下一年度绩效目标编制工作，以优化目标编制推动部门进一步强化预算绩效意识；重点关注项目下一年度预算执行和绩效评价情况，以资金使用绩效推动部门进一步巩固提升现有工作成效。满意度评价结果及建议在常委会会议后函告区政府。

关于满意度评价工作，区人大明确从人大预算监督视角，关注项目与预算的匹配性，关注项目前评价（即立项评价）情况及其评审意见和建议的整改落实情况，关注项目中期评价（即项目跟踪评价）情况及其评审意见和建议的纠偏落实情况，关注项目后评价（即项目绩效评价）情况及其评审意见和建议的整改落实情况，聚焦部门对人大常委会组织的预算初审听证或预算绩效听证意见的回应和落实情况。

满意度评价，为预算管理再架一道安全网，让预算绩效管理真正落地。同时，作为听证制度的有效延伸，让预算部门提出预算项目时甚至"战战兢兢"，而财政部门则从容了不少。"相比过去财政部门在信息不对称的情况下审核与平衡预算，如今通过人大代表甚至普通公众对预算的'预审'，预算更有针对性。"一位财政部门负责人坦言。更重要的是，听证会使得不同意见能够提前提出，让很多项目通过听证能在实施过程中更符合实际，而非在钱花完后再"秋后算账"。

"预算报告，我们逐项审"

"对预算报告，我们会逐项审。"说这句话的不止一位人大代表。

近几年的区人代会与以往有很大不同，因为区人大在人代会期间创新建立了部门预算专题审议环节。这些接受专题审议的部门预算不仅包括去年预算执行情况和今年预算安排，还要有相应的绩效评价结果。2019年，该区就选择了19个部门的预算上会，由14个代表团进行专题审议。经过几年"实操"，闵行区的人大代表对预算报告的解读都已经很"专业"。

闵行区社会体育管理中心某年度的预算报告显示，全区健身气功展演支出，矿泉水480瓶，单价2元；室外会标制作2幅，单价750元。如此详尽的清单，预算单位怎敢马虎，否则预算报告就面临被修正的可能。

除了会上审，闵行区人大对代表们提出要求，每年要到一两个对口部门调研预算情况并提出建议最终形成报告。人大代表们对此十分"感兴趣"。因为"我曾经鼓励过的项目、提出过问题的项目，执行得怎样了？"这种要求与被要求的对接，由绩效做牵引，形成的是一种自觉的监督机制。

2017年，在闵行区六届人大一次会议上，区人大首次推行代表团对口审议重点部门预算，特别安排专题审议时间，要求部门主要负责人向代表团作专题汇报。14个代表团分别审议了区规土局、水务局、教育局等19个预算金额大、社会关注度高、与民生密切相关的政府部门预算。由此，人代会期间，代表团专题审议部门预算和闭会期间常委会预算监督小组跟踪部门预算执行有关工作就开始了。这是区人大为充分发挥人大代表主体作用、加强部门预算审查监督的积极探索。

2018年，闵行区人大常委会制定出台了《关于开展部门预算执行监督的暂行办法》，明确要以14个区人大代表组为主体，成立14个区人大常委会预算监督小组（以下简称"预算监督小组"），在闭会期间，运用专题调研、专项监督、审计监督、预算联网监督等多种形式加强部门预算执行监督。

在监督重点上，一是突出重点部门监督。按照"谁审议，谁跟踪"的原则，各预算监督小组的部门预算执行监督对象与人代会预算审查对象相一致，实现了人代会审议与闭会期间跟踪监督的联动。

二是突出重点项目监督。在开展部门预算执行监督过程中，各预算监督小组重点关注监督对象的项目执行情况、项目预算的执行率以及预算执行的绩效性。

三是突出重点内容监督。在法定监督之外，重点加强了对重点支出、重大投资项目预算执行情况，重要支出政策实施情况，跨年度预算项目、跨部门预算项目、跨上下级财政资金预算项目执行情况，部门审计发现问题及其整改落实情况等方面的监督。

（来源：齐《中国财经报》"绩效新时代"专刊）

二、绩效生态向阳而生

新时代，中国政府绩效管理研究逐步丰富和深化，指标体系建设也不断推进，绩效生态系统日益完善。

过去，政府财政预算一般都是人大代表和政府机关工作人员的事，普通群众参与的并不多。现在，上海市闵行区将财政预算项目进行公开听证，邀请社会公众代表参与讨论，进行绩效监督，并将公众意见作为制定财政预算的重要依据之一，有效提升了预算效率。

一个地区绩效生态好，一定表明该地区的政府管理是朝着符合本地实际的方向在努力，一定表明政府绩效管理在管理决策、市场监管、公共服务、平衡发展方面皆成绩斐然，在经济发展和政府内部管理绩效上形成了良好生态。

参考文献

［1］习近平．决胜全面建成小康社会　夺取新时代中国特色社会主义伟大胜利．中国共产党新闻网，2017.10

［2］习近平．坚持和完善中国特色社会主义制度推进国家治理体系和治理能力现代化［J］．求是，2020.1.

［3］习近平在网络安全和信息化工作座谈会上的讲话［J］．中国信息安全，2016（05）：23-31.

［4］中共中央办公厅、国务院办公厅．2006—2020年国家信息化发展战略．中国政府网，2009.9

［5］彼得·德鲁克．人与绩效：德鲁克论管理精华［M］．北京：机械工业出版社，2015.

［6］克里斯蒂娜·沃特克．OKR工作法［M］．北京：中信出版集团，2017.

［7］埃德加·沙因（Edgar H.Schein）．组织文化与领导力［M］．北京：中国人民大学出版社，2014.

［8］特伦斯·迪尔（Terrence E.Deal），艾伦·肯尼迪（Allan A.kennedy）．组织文化——企业生活中的礼仪与仪式［M］．北京：中国人民大学出版社，2008.

［9］戴维·帕门特．关键绩效指标：KPI的开发、实施和应用［M］．北京：机械工业出版社，2013.

［10］特伦斯·迪尔（Terrence E.Deal），艾伦·肯尼迪（Allan A.kennedy）．新企业文化——重获工作场所的活力［M］．北京：中国人民大学出版社，

2009.

　　［11］金·卡梅隆（Kim S.Cameron），罗伯特·奎因（Robert E.Quinn）. 组织文化诊断与变革［M］. 北京：中国人民大学出版社，2006.

　　［12］赫尔曼·阿吉斯（Herman Aguinis）. 绩效管理［M］. 北京：中国人民大学出版社，2013.

　　［13］理查德·A. 斯旺森（Richard A.Swanson）. 绩效分析与改进［M］. 北京：中国人民大学出版社，2010.

　　［14］曼弗雷德·凯茨·德·弗里斯（Manfred F.R.Kets De Vries）. 刺猬效应：打造高绩效团队的秘诀［M］. 北京：东方出版社，2014.

　　［15］莫皓. RAISE：绩效改进五步法［M］. 北京：清华大学出版社，2015.

　　［16］斯科特·凯勒（Scott Keller）. 超越绩效：组织健康是最大的竞争优势［M］. 北京：机械工业出版社，2012.

　　［17］Jack Welch. Jack：Straight from the Gut［D］. Business Plus；Reprint. 2003.

　　［18］迪凯. 看不见的管理：企业文化管理才是核心竞争力［M］. 北京：电子工业出版社，2014.

　　［19］维克托·迈尔·舍恩伯格. 大数据时代［M］. 杭州：浙江人民出版社，2013.

　　［20］马库斯·白金汉，艾什利·古铎. 重构绩效管理（Reinventing Performance Management）. 哈佛商业评论，2015，（4）：46-48.

　　［21］刘旭涛. 基于最佳实践的中国政府绩效管理案例研究［M］. 北京：国家行政学院出版社，2015.

　　［22］方振邦，唐健. 战略性绩效管理［M］. 北京：中国人民大学出版社，2014.

　　［23］陈春花. 激活个体：互联时代的组织管理新范式［M］. 北京：机械工业出版社，2015.

　　［24］方振邦，葛蕾蕾. 政府绩效管理［M］. 北京：中国人民大学出版社，2012.

［25］张德.人力资源开发与管理（第二版）［M］.北京：清华大学出版社.2001.

［26］谌新民，武志鸿.绩效考评方法［M］.广州：广州经济出版社，2002.

［27］胡税根.公共部门绩效管理——迎接效能革命的挑战［M］.杭州：浙江大学出版社，2005.

［28］石伟.组织文化［M］.上海：复旦大学出版社，2010.

［29］水藏玺，向荣，刘洪良.胜任力模型开发与应用［M］.北京：中国经济出版社，2019.

［30］孙海法.绩效管理［M］.北京：高等教育出版社，2010.

［31］李玉萍，许伟波，彭于彪.绩效·剑［M］.北京：清华大学出版社，2008.

［32］王媛.现代组织文化的核心——绩效文化［J］.数码世界，2004（16）：32-33.

［33］崔明，王睿，王春明.现代企业如何建设团队绩效文化［J］.科技管理研究，2007（11）：200-202.

［34］钟幼荼.浙江民营企业高绩效文化建设研究［J］.沿海企业与科技，2006（4）.

［35］王吉鹏.让绩效管理升华为绩效文化［J］.科技智囊，2003（10）：74.

［36］汪海梅.高绩效文化的六个品质［J］.管理@人，2008（03）：44-46.

［37］郑炜.高绩效文化建立正当时［J］.人力资源，2009（05）：42-43.

［38］冷秀华.税务机关绩效管理与绩效文化的思考［J］.扬州大学税务学院学报，2008（04）：35-37.

［39］陈洪玮.组织文化管理要素及其对企业绩效的作用［M］.北京：中国财政经济出版社，2010.

［40］李平.如何建立优秀的企业绩效文化［J］.辽宁经济，2008

（05）：75.

［41］于环宇．高绩效的秘密［M］．北京：北京大学出版社，2013.

［42］李小平．南通地税绩效管理文化透视［M］．北京：党建读物出版社，2009.

［43］付亚和，许玉林．绩效管理［M］．上海：复旦大学出版社，2014.

［44］贠杰．中国政府绩效管理40年：路径、模式与趋势［J］．重庆社会科学，2018（6）.

［45］杨曦，张菁．中国地方政府绩效评估指标体系建设研究［J］．中国市场，2018（22）.

［46］齐一鸣．浅谈政府绩效信息失真原因和解决措施［J］．金融研究，2018.

［47］李建升，李巍．组织文化与企业绩效关联机制研究［M］．北京：经济管理出版社，2012.

［48］苏雪梅．组织文化与员工认同：理论与实证［M］．北京：中国社会科学出版社，2012.

［49］申山宏．大数据下涉税风险分析［M］．北京：中国税务出版社，2017.

［50］北京软件产品质量检测检验中心．政府绩效管理的理论与实践：基于信息化的视角［M］．北京：电子工业出版社，2012.

［51］周苏，王文．大数据导论［M］．北京：清华大学出版社，2016.

［52］徐继华，冯启娜，陈贞汝．智慧政府——大数据治国时代的来临［M］．北京：中信出版社，2014.

［53］蔡立辉．电子政务［M］．北京：清华大学出版社，2009.

［54］胡税根，王汇宇．以人民为中心的政府绩效管理研究［N］．兰州大学学报（社会科学版），2018.

［55］倪媛媛．"互联网+"时代提高地方政府绩效的策略研究［D］．南京航空航天大学，2018.

［56］尹浩然．南京市市级机关绩效管理研究［D］．南京师范大学，

2017.

　　［57］陈伟.腾讯人力资源管理［M］.苏州：古吴轩出版社，2018.

　　［58］杨媛.中央政府部门绩效管理改革：动因、过程与特征——基于国土资源部的案例研究［N］.福建行政学院学报，2017（1）.

　　［59］丁先存、郑飞鸿.地方政府绩效评估改进研究［J］.广西社会科学，2016（1）.

　　［60］李铁军.税务系统绩效文化诊断与建设研究——以青岛市国家税务局为例［D］.云南财经大学，2016.

　　［61］胡海啸，李铁军，王媛，等.青岛税务"智慧绩效"推进减税降费落地落细［N］.中国税务报，2019-9-24-04.

　　［62］胡海啸，李铁军，王媛，等.综合协同型绩效管理助力效能提升［N］.中国税务报，2020-9-28-04.